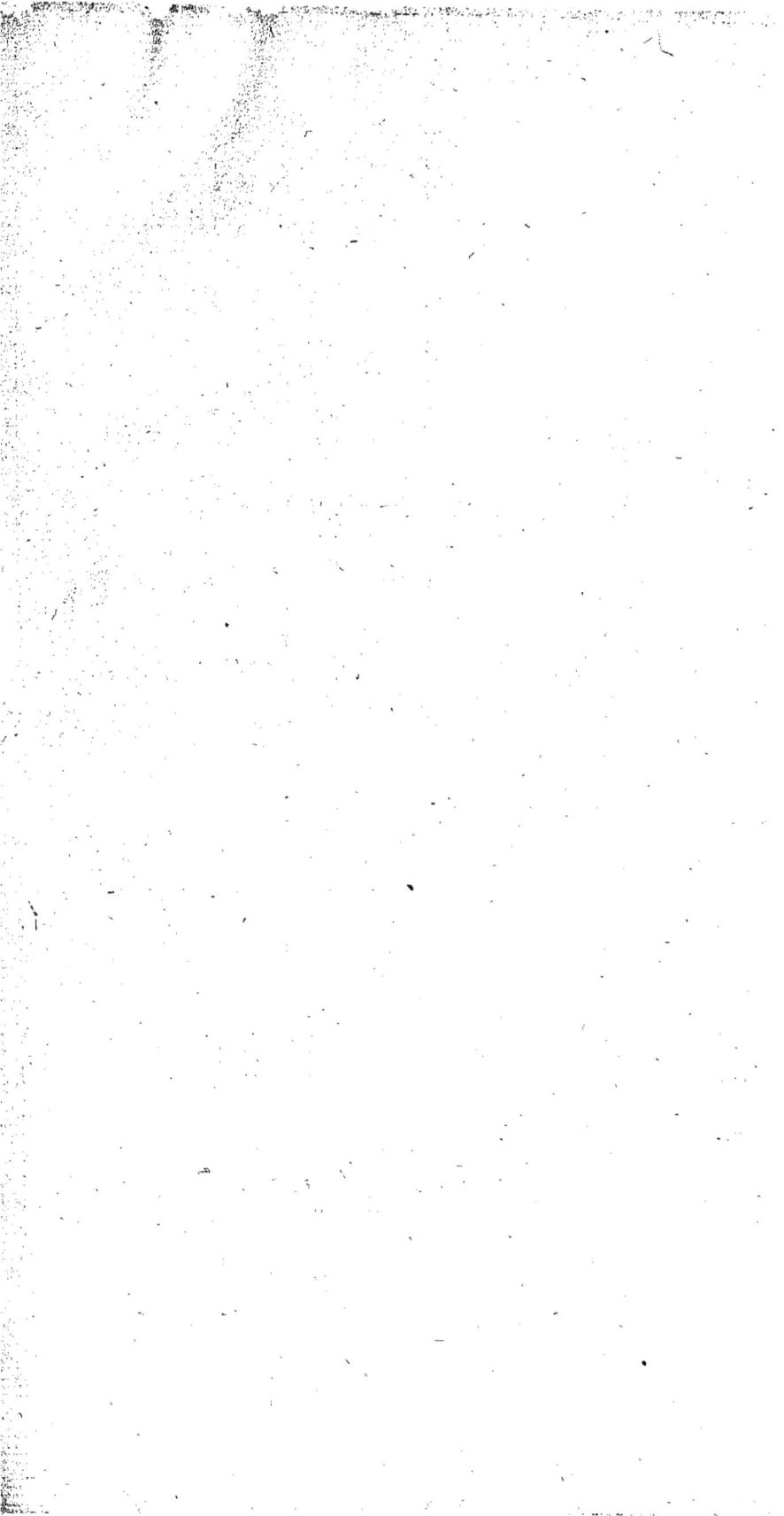

11345

ESSAI HISTORIQUE

SUR CETTE QUESTION

PROPOSÉE PAR L'INSTITUT DE FRANCE:

QUELLE a été l'INFLUENCE DE LA RÉFORMATION DE LUTHER, sur la situation politique des différens États de l'Europe, et sur le progrès des lumières.

ESSAI HISTORIQUE

SUR CETTE QUESTION

PROPOSÉE PAR L'INSTITUT DE FRANCE:

QUELLE a été L'INFLUENCE DE LA RÉFORMATION DE LUTHER, sur la situation politique des différens États de l'Europe, et sur le progrès des lumières.

PAR N. PONCE,

De l'Athénée des arts, membre résident de l'Académie celtique de France, des Sociétés Philotechnique, d'Institution, Académique des Sciences, et de celle des Sciences, Arts et Belles-Lettres de Paris; des Académies de Lyon, Dijon, Rouen, etc.

NOUVELLE ÉDITION.

On peut regarder la constitution de l'église romaine pendant les dix, onze, douze et treizième siècles, et quelques tems encore avant et après, comme la conspiration la plus terrible qui ait jamais été formée contre le gouvernement civil, aussi bien que contre la liberté, contre la raison et contre le bonheur du genre humain.

SMITH, *Richesse des nations*, tom. 4.

PARIS,

DENTU, IMPRIMEUR-LIBRAIRE,
Rue du Pont-de-Lodi, n.º 3.
1808.

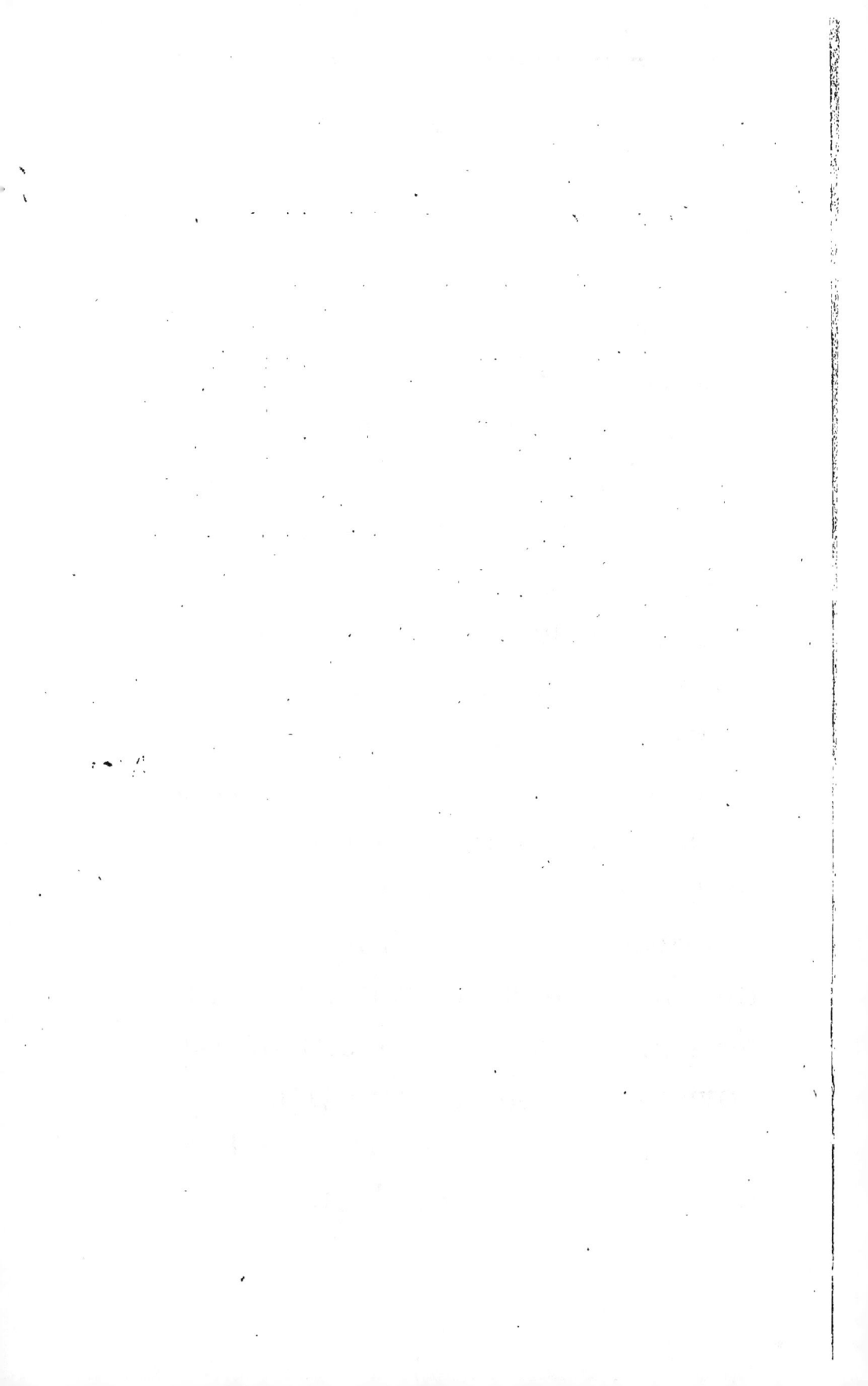

AVERTISSEMENT.

L'IMPORTANCE seule de cette question m'a déterminé à imprimer mon ouvrage. La profondeur avec laquelle M. Villers l'a traitée, l'éloquence que M. Leuliette y a fait paraître, auraient suffi sans doute pour m'ôter l'idée de m'exposer à la comparaison, si quelques amis ne m'eussent fait sentir, qu'ayant pris une marche absolument différente de celle des autres concurrens, mon mémoire pouvait encore fixer l'attention de ceux que les grandes questions de la politique intéressent. Je dis politique, parce qu'effectivement c'est le seul point de vue sous lequel j'ai cru devoir envisager ce sujet : c'est pourquoi j'ai pris soin d'en écarter tout ce qui avait rapport aux dogmes, afin de ne choquer l'opinion de personne.

Si je me suis permis quelques réflexions, elles m'ont été suggérées par les faits que l'histoire a consacrés; et ce n'est que d'après ces faits, de la plupart desquels j'ai rapporté les preuves dans mes notes, que j'ai tiré mes conséquences.

D'ailleurs, l'exposition de ces faits, les réflexions qui les accompagnent, m'ont paru nécessaires pour faire sentir à mes lecteurs la différence qui existe dans la vie politique et privée des ecclésiastiques d'aujourd'hui, d'avec ceux d'autrefois. La conduite de ces derniers, qui souvent avaient embrassé un état qui menait au pouvoir, à la fortune, et permettait la licence, contraste parfaitement avec celle de ces hommes que la vertu seule peut engager maintenant à se charger d'un ministère, qui ne leur laisse entrevoir d'autre récompense que la satisfaction d'être utiles, encore plus par leurs exemples que par leurs préceptes.

Autant il me paraît indiscret et cruel de rappeler des scandales et des horreurs, dont le souvenir est encore présent à la pensée, et dont le tableau peut rouvrir des plaies que le temps n'a point encore cicatrisées ; autant il me semble utile de retracer ceux qui ont existé si longtemps chez nos aïeux, et se sont renouvelés tant de fois, afin d'en prévenir le retour. C'est là sans doute le principal fruit qu'on doit tirer de l'histoire, et le moyen de mettre à profit ses leçons et ses exemples.

Si je suis entré dans quelques détails dans mes notes, sur les faits qui ne sont qu'indiqués dans le texte, c'est moins par l'envie de les rappeler, que pour répondre d'avance aux objections que la critique pourrait me faire sur l'authenticité de ces faits, ou sur l'inconvénient de les retracer. Au reste, je ne pense pas qu'un écrivain puisse encourir le blâme pour avoir dit la vérité : sur-tout lorsqu'en la disant il a eu un but utile. Ceux qui, sous ce prétexte, s'éleveraient contre lui, se montreraient en opposition avec la justice, la raison, et prouveraient qu'ils tiennent à un parti; qu'ils regardent comme ennemis tous ceux qui ne portent pas sa livrée, et que, comme tels, ils sont en perpétuel état de guerre avec eux.

ESSAI HISTORIQUE

SUR

CETTE QUESTION

PROPOSÉE

PAR L'INSTITUT NATIONAL:

Quelle a été L'INFLUENCE DE LA
RÉFORMATION DE LUTHER,
*sur la situation politique des différens
États de l'Europe, et sur le progrès des
lumières.*

PREMIÈRE PARTIE.

De l'état de l'Europe avant la Réformation.

SI l'homme constamment heureux n'eût eu
en partage que la félicité et l'abondance, peut-
être fût-il resté long-temps sans tourner sa vue
vers l'auteur de la nature : mais accablé d'infirmités, tourmenté par le besoin, victime de
l'oppression du plus fort, dès la naissance du
monde, cherchant un adoucissement à ses
maux, une consolation dans sa misère; ses

I

yeux se portèrent vers le ciel, d'où lui venait la chaleur et la lumière; et il rendit son premier hommage à la divinité. Dès lors des autels couverts de mousse et de verdure, ornés de fleurs, reçurent dans toutes les contrées de l'univers les offrandes et les holocaustes que chaque peuplade offrit, à sa manière, à l'être des êtres. Telle fut l'origine des différens cultes. L'idée d'une autre vie, cette idée consolante, qui seule peut empêcher l'homme isolé et souffrant de se livrer au désespoir, qui soutient le faible contre la persécution, et lui présente dans l'avenir un abri sûr contre l'injustice et la tyrannie, ne tarda pas à suivre.

Ce culte, simple dans son principe, se trouva bientôt surchargé de pratiques superstitieuses et souvent barbares. Aux offrandes des fleurs et des fruits, on substitua celles des animaux : enfin, on rougit les autels du sang des hommes. A une religion plus sage qui avait pris naissance dans un coin de l'Asie, mais qui ne s'étendit jamais au loin, succéda le christianisme. Rome peut être regardée comme son berceau. D'abord persécuté, il ne tarda pas à y être toléré, et ce fut de cette ville célèbre qu'il se répandit par toute la terre. Les empereurs Héliogabale et Caracalla le protégèrent ouvertement. Sous leur règne, les chrétiens jouirent à Rome des droits civils ; plusieurs d'entre eux furent même faits gouverneurs de provinces. Si Dioclétien se déclara leur persécuteur, ce fut plutôt pour des raisons de politique que pour des motifs de haine contre cette religion, qui obtint la plus haute faveur sous le règne de Constantin; ce prince lui fit des concessions considérables, et ce fut à cette époque qu'elle commença à s'étendre sur toute la terre où elle devint puissante : ce fut alors aussi que diverses sectes, ayant pris naissance, les chrétiens commencèrent à se diviser.

La domination temporelle des papes, inconnue dans la primitive église, ne tarda pas à peser sur les états, sur-tout lorsque l'aisance et la considération dont commençait à jouir le clergé, eurent fait naître en lui les premières vues d'ambition. L'église grecque, au contraire, y demeura toujours étrangère, et ces deux églises n'eurent de commun, depuis cette époque, que les éternelles disputes de controverse qui les déchirèrent long-temps l'une et l'autre. La prétendue donation faite aux papes par l'empereur Constantin, fut le

premier prétexte dont ils se servirent pour
arriver à cette domination (1). Ce ne fut
cependant que sous le règne de Charlemagne, qu'ils obtinrent enfin ce perpétuel objet
de leurs desirs, encore furent-ils très-long-
temps sans en jouir paisiblement. Ce prince,
fils d'un usurpateur, qui avait confiné dans
un cloître l'héritier présomptif du sceptre des Français, avait des ménagemens à
garder avec les papes. Indépendamment de
ce qu'ils l'avaient aidé, ainsi que son père,
dans leur usurpation, les prêtres avaient
alors une telle influence sur les opinions
des peuples, qu'il se crut obligé de faire de
grandes concessions au clergé, afin de se le
rendre favorable. Aussi vit-on les papes,
pour affermir les Carlovingiens dans la possession de l'héritage des Mérovingiens, lan-
cer leurs foudres sur ceux qui voulaient s'opposer à l'élection de Charlemagne; et par reconnaissance les armes de ce dernier établir
en Italie la puissance temporelle du saint
siége.

Si, dans certaines circonstances, l'union
de la puissance ecclésiastique avec la puissance séculière a paru nécessaire à l'affermis-
sement de cette dernière, on a dû remarquer

aussi, que souvent elle en est destructive ;
sur-tout lorsque, devenant trop puissante, elle
la peut balancer et élever l'autel au niveau
du trône : car alors, si elle parvient à obtenir
une grande influence sur les peuples, elle
pourra détruire l'autorité qui cherche à faire
rentrer la sienne dans de justes bornes, afin
d'en substituer une autre de son choix qui
lui soit plus favorable. Il est dans la politique du clergé de faire des rois, plutôt que de
tenter de s'élever à leurs places; et il est facilement parvenu à son but, lorsqu'il est
venu à bout de fanatiser les soldats, le seul
rempart que, de tout temps, les princes aient
pu opposer avec succès contre l'astuce et l'ambition des prêtres.

En France, les prédécesseurs de Charlemagne ne s'étaient illustrés que par des crimes et des brigandages. On avait vu Clovis,
le premier roi chrétien, assassiner toute sa
famille ; Childebert et Clotaire massacrer
leurs neveux. Un autre Clotaire avait fait
périr son propre fils dans les flammes, et la
reine Brunehault, convaincue d'une multitude de crimes, les avait expiés par un supplice infâme. L'anarchie féodale y tenait lieu
de gouvernement. Celui qui ne possédait

qu'une tour, enceinte d'un fossé bourbeux,
rendait hommage à celui qui tyrannisait deux
ou trois bourgs; et ce dernier était vassal de
l'usurpateur d'une province. Enfin , dans ces
temps de superstition et d'ignorance, l'assassinat, le viol et l'empoisonnement, étaient
acquittés pour de l'argent; mais faire gras
un vendredi, travailler un jour de fête, étaient
des crimes irrémissibles.

Ce fut seulement sous le règne de Charlemagne que le clergé forma un ordre dans
l'état ; car, avant cette époque, le gouvernement y était purement militaire. Ce prince
établit en France un commencement de ci-
vilisation : s'il dépouilla ses neveux, s'il répandit sur les bords de l'Elbe le carnage et
la dévastation, les Français furent heureux
et tranquilles sous son règne pendant près
d'un demi-siècle; les sciences et les arts trouvèrent en lui un protecteur (2). A cette époque, les couvens avaient déjà acquis de grandes richesses, parce que les moines avaient
déjà obtenu un grand crédit sur les peuples.
Les ecclésiastiques s'étaient , non seulement
attribué les exécutions testamentaires, mais
encore plusieurs s'arrogeaient le droit de faire
parler ceux qui étaient morts intestat; quel-

quefois même ils refusaient la sépulture aux défunts, lorsqu'ils étaient morts sans avoir fait de legs aux églises. On se rappelle cette célèbre formule de Marcufle, qui donne la mesure de l'esprit du temps : *Moi, pour le repos de mon ame, et pour n'être pas placé après ma mort parmi les boucs, je lègue à tel monastère,* etc.

La marche de l'esprit humain, qui avait pris l'essor pendant le règne de Charlemagne, avait rétrogradé tout à coup après la mort de cet homme extraordinaire pour son siècle. Ses enfans et ses neveux, qui se disputèrent long-temps les lambeaux de sa succession, se firent une cruelle guerre à l'instigation de Grégoire IV, le premier des papes qui se signalèrent dans la carrière politique, et à celle de plusieurs prélats. Le malheureux Louis-le-Débonnaire, fils de Charlemagne, avilit sa couronne et la nation française, en déposant son sceptre aux pieds des évêques, qui, après l'avoir dégradé et revêtu d'un cilice, le confinèrent dans un cloître, pour le punir, entre autres crimes de cette espèce, de celui d'avoir fait marcher son armée en carême. La discorde, qui ne cessait d'agiter ses brandons sur la France, ayant excité

une sanglante guerre entre les enfans de ce
prince infortuné, lors du partage de ses dépouilles, il recouvra enfin la liberté et la
couronne. Obligé de marcher ensuite pour
combattre un de ses enfans qui s'était de nouveau révolté, il lui survint une maladie
qui le conduisit en peu de jours au tombeau.
Par suite de la fatalité attachée à sa famille,
Lothaire, son successeur à l'empire, fut aussi
dégradé à son tour par les évêques. Cet at-
tentat, devenu inutile par la fermeté de ce
prince, prouve à quel degré le clergé abu-
sait alors de sa puissance.

Avant Louis-le-Débonnaire, l'élection des
papes avait besoin de la sanction des empereurs; mais cet usage se perdit entièrement
sous son règne : l'on vit au contraire celle de
Charles-le-Chauve et Charles-le-Gros, ses successeurs à l'empire, revêtue de celle des
papes. Il paraît constant, même d'après une
lettre de Léon III à Charlemagne, qu'alors
les papes rendaient hommage de leurs possessions aux rois de France. Avant Nico-
las Ier, l'autorité des évêques y prévalait sur
celle des papes dans beaucoup de circonstances. A cette époque, les empereurs convo-
quaient les conciles, et les présidaient comme

le firent Constantin, Théodose et Charlemagne lui-même.

Tandis que l'héritage de ce dernier se déchirait, que les Normands et les Sarrasins ravageaient le couchant et le midi de l'Europe, l'empire d'Orient, qui avait perdu plusieurs de ses provinces, luttait encore avec plus de succès contre les Musulmans que contre les moines, dont les querelles, au sujet des images, mettaient le trouble dans l'état.

La couronne impériale d'Occident, échappée des mains des successeurs de Charlemagne, devint successivement la proie de quelques aventuriers que les papes couronnaient, selon que leur intérêt ou les circonstances l'exigeaient d'eux. Si alors les empereurs eussent fixé leur séjour à Rome, les papes y eussent difficilement établi leur puissance temporelle ; mais, détournés par des guerres étrangères ou par des dissentions domestiques, jaloux peut-être d'y voir balancer leur autorité par celle d'un prêtre, ils négligèrent de s'y fixer, et n'y parurent même que pour s'y faire couronner des mains du pape ; cérémonie qui, par un abus étrange, était devenue indispensable. Ce fut vers ce temps que les évêques d'Allemagne, profitant des troubles qui agitaient cette contrée, parvinrent à réunir dans leur personne la puissance séculière à l'autorité religieuse.

A cette époque, la Moscovie était presque inconnue au reste de l'Europe, et le christianisme y avait à peine pénétré. La Suède et le Danemarck, épuisés par les fréquentes émigrations qui avaient inondé l'Allemagne, restaient plongés dans le néant. La Pologne, encore barbare, conservait l'horrible usage de détruire les vieillards infirmes et les enfans disgraciés de la nature. L'Angleterre, ravagée comme la France par les Normands, ne trouva de remède à ses maux que lorsque Alfred-le-Grand parvint à soumettre ces barbares à sa puissance, et à civiliser la nation en introduisant dans ses états les premiers élémens des sciences.

Au midi de l'Europe, l'Italie, partagée entre quelques seigneurs particuliers, était déchirée par des guerres intestines. Quelques villes seulement, telles que Florence et Milan, se gouvernaient par des magistrats. Venise et Gènes, déjà célèbres, commençaient à jeter les fondemens du commerce, qui depuis les rendit si florissantes. L'Espagne, en partie sous le joug des Mahométans, était à la veille d'être entièrement subjuguée à la faveur des divisions existantes entre les princes qui se partageaient ce fertile pays. Dans ces temps ténébreux, les Maures d'Espagne, le peuple alors le plus civilisé de l'Europe, faisaient des incursions jusque dans les contrées méridionales de la France.

Ce fut dans cette confusion générale de tous les pouvoirs, au milieu de la tyrannie épiscopale et féodale, que Hugues Capet, comte de Paris, profitant de la puissance que lui donnaient ses nombreux vassaux, ainsi que de la faiblesse de Charles de Lorraine, vint à bout de ravir le sceptre à la maison de Charlemagne, dont la trahison de l'évêque de Laon lui avait remis l'héritier entre les mains. Cette troisième race de nos rois ne perdit pas un instant de vue, depuis son avénement au trône, l'abaissement des grands du royaume, dont la puissance était devenue si funeste aux deux premières. Ce fut sans doute pour arriver plus facilement à ce but, qu'on la vit si ardente à provoquer ces guerres désastreuses, qui, pendant deux siècles, ruinèrent la noblesse, dépeuplèrent l'Europe, ravagèrent la Syrie et la Palestine.

Si l'on vit en France les rois Robert et Philippe, excommuniés par les papes; leurs domestiques n'oser toucher à ce qui avait été présenté sur leur table; à Rome, le pape Grégoire VII, porter les derniers coups à la puissance des empereurs, et abuser de la tendresse de la comtesse Mathilde, pour accroître sa domination en Italie; on vit, en Angleterre l'évêque Roger, aussi scandaleux dans ses mœurs privées que dans sa conduite politique, faire la guerre à son souverain. Thomas Becquet, élevé aux premières dignités de l'église par la faveur du roi, se révolte contre son autorité : condamné à la prison par l'assemblée des évêques, il trouve le moyen de s'échapper, et vole en France pour susciter des ennemis à son pays. A peine rappelé en Angleterre par l'indulgence du roi, il fomente de nouveaux troubles, et excommunie ces mêmes évêques qui s'étaient déclarés contre lui. Henri II, délivré par le glaive d'un assassin, d'un homme qui n'eût dû périr que par celui des lois, expie ce crime d'un lâche courtisan par de nouvelles concessions au saint siége, et en se soumettant à la correction qu'il reçut des mains des chanoines de Cantorbéry, sur la tombe du saint rebelle. (3) Jean-sans-Terre, son fils, excommunié à son tour, au sujet de la nomination d'un évêque, est obligé pour se faire relever de l'interdit mis sur ses états, de se déclarer vassal du saint siége, et de lui payer tribut. Philippe Auguste et Louis, son fils, à qui le pape Innocent III avait donné la couronne d'Angleterre, sont excommuniés eux-mêmes pour avoir tenté d'en prendre possession, depuis la réconciliation du pontife avec Jean; tandis que l'empereur Othon l'avait été pour l'avoir voulu défendre. C'est du règne de Jean-sans-Terre que date l'origine de la fameuse charte de la liberté anglaise. Par une suite de l'abus que faisaient les papes de leur pouvoir, Louis, qui n'avait été que l'instrument de la vengeance des barons, et de celle du saint siége, fut obligé de se rédimer pour de l'argent, et d'envoyer ses chapelains à Rome, y recevoir, comme ses représentans, la pénitence qu'il plut au saint père de lui infliger.

Tandis que l'évêque de Rome déposait l'empereur Frédéric II, qu'il donnait la couronne d'Aragon au roi de France, et celle de Hongrie à Charles-le-Boiteux, l'archevêque de Tolède déposait aussi Henri IV, roi de Castille, pour donner la sienne à sa sœur Isabelle. Mais l'abus du pouvoir en amène le terme, et déjà les armes spirituelles des papes commençaient à s'émousser. L'essai qu'en fit Boniface VIII, contre Philippe-le-Bel, n'eut pas un aussi heureux succès : Albert d'Autriche, qui n'avait ni argent ni armée, pour mettre à exécution les décrets du saint siége, ne se mit pas même en devoir d'en profiter; et Philippe, pour se venger du donataire, envoie à Rome une poignée de soldats arracher Boniface du trône pontifical.

Ce fut à cette époque que les papes, voulant ajouter de nouveaux moyens à leur puissance temporelle, ou plutôt acquérir celui de la rendre durable, imaginèrent, pour grossir leur trésor, différentes taxes imposées sur les faiblesses de l'humanité, champ fertile et toujours inépuisable. Jean XXII, qui avait déposé Louis de Bavière, et qui le fut ensuite lui-même par ce prince, avoit trouvé un expédient heureux pour augmenter les revenus des annates; c'était celui de déplacer souvent les titulaires des bénéfices. Dans ces temps malheureux d'une lutte perpétuelle de la puissance spirituelle contre la puissance temporelle, les lois sur les investitures étaient tellement équivoques, que non seulement au couronnement d'un césar et à l'exaltation d'un pontife, mais encore à la nomination d'un simple bénéficier, il s'élevait des discussions sanglantes, qui donnaient aux nations le scandaleux spectacle de deux ou trois papes, évêques, ou princes séculiers, qui s'anathématisaient, ou guerroyaient les uns contre les autres.

Pour comble de maux, différentes sectes commençaient à faire naître de cruelles divisions entre les chrétiens. Ce n'était pas assez de la fureur des croisades, qui avait déjà fait périr plus d'un million d'hommes : un autre calamité, non moins dangereuse pour la France, avait répandu ses ravages au midi de cette contrée. Une partie des peuples des environs d'Albi et des vallées du Piémont, lasse des vexations du clergé, scandalisée par son luxe et sa dissolution, autant qu'elle était édifiée par les mœurs des hommes qui lui prêchaient la réformation de tous ces abus, avait adopté leurs nouveaux dogmes. C'est de l'époque de ce schisme que date l'origine de cette institution monstrueuse, qui a outragé la nature et la raison pendant tant de siècles dans le midi de l'Europe. La cour de Rome, voulant tirer parti de toutes les cir-

constances qui lui paraissaient favorables à
l'augmentation de sa puissance, envoya des
commissaires en Languedoc, pour juger, ou,
pour mieux dire, pour assassiner les malheureux soupçonnés d'hérésies. Elle avait enjoint
aux princes, sous peine d'excommunication,
de prêter main forte à ces commissaires, et la
fortune des condamnés devenait la proie de
leurs bourreaux. Pouvait-on douter qu'il ne
se trouvât beaucoup de coupables! Un de ces
commissaires, nommé Robert, homme perdu
de débauches et de crimes, prenant le prétexte d'une secte nouvelle qui cherchait à
s'introduire dans quelques provinces de France, faisait brûler impitoyablement les malheureux qu'il croyait riches, lorsqu'ils ne
voulaient pas racheter leur vie à prix d'argent. Une détention perpétuelle fut le seul
châtiment infligé à ce misérable. Cette guerre
d'extermination dévasta le midi de la France
pendant vingt ans. (4)

Cependant cette belle contrée devint plus
heureuse sous le règne de Louis IX : peu de
princes ont porté aussi loin que lui l'amour
de la vertu. Libéral avec économie, pieux
sans faiblesse et sans fanatisme, aucun de
ses prédécesseurs ne s'était opposé avec

autant d'énergie aux usurpations des papes.
Joignant la justice la plus exacte à une politique profonde, l'intrépidité dans les combats,
à la prudence dans les conseils; peu de rois
sont dignes de lui être comparés. Si les croisades semblent entacher sa mémoire, cette
erreur fut celle de son siècle, d'un siècle d'i-
gnorance et de superstition, où l'Europe était
encore plongée dans les ténèbres et la barbarie, et où les ridicules et cruelles épreuves
des jugemens par l'eau et le feu étaient encore en usage. (5)

L'anarchie la plus complète existait alors
en Allemagne, les droits de la féodalité y
outrageaient également la pudeur et l'humanité. La noblesse, encore plus hautaine que
celle des autres pays, y regardait les vols de
grands chemins, et la fabrication de la fausse
monnaie comme la portion la plus précieuse
de ses immunités (6). L'assassinat et l'empoisonnement étaient les vices caractéristi-
ques des peuples d'Italie : pour comble de
malheur, les mœurs de plusieurs pontifes
avaient une grande analogie avec celles des
peuples. Urbain VI et Clément VII furent
du nombre de ceux, qui, non contens de scandaliser la chrétienté par leur conduite, en-

sanglantèrent encore l'Italie par leurs querelles. Urbain, qui demeura vainqueur, sur-
passa par ses atrocités tout ce que l'histoire
nous retrace de celles de Néron et de Cali-
gula (7). Un Borgia, d'incestueuse mémoire,
élevé au pontificat, malgré la dissolution de
ses mœurs, et les horreurs de sa vie politique, ne perdit cependant rien de sa prépondérance ni de son autorité. Un prince, l'exemple de son siècle, l'idole des peuples, le père
des Français, ne rougit pas de s'allier à un
tel monstre. Louis XII, espérait par cette al-
liance obtenir la dissolution de son mariage
avec la fille de Louis XI, afin d'épouser
Anne de Bretagne, et de devenir par là possesseur de cette riche et fertile province. Il
espérait encore réaliser par son moyen les vues
qu'il avait sur une partie de l'Italie. Ce fut
donc pour réussir dans ce double projet, que
ce bon prince eut la faiblesse de s'unir à Borgia; mais, comme la vertu est toujours la
dupe du crime, Louis échoua complètement
dans la dernière partie de son entreprise; et le
pape, qui convoitait lui-même les héritages
en litige, en investit ses enfans. Cette détestable famille ne jouit pas long-temps des fa-
veurs de la fortune : à la mort de Borgia, ses

cinq bâtards furent dépouillés de toutes leurs
usurpations, et le saint siége, qui, comme dit
Voltaire, *avait été si long-temps celui de
tous les crimes,* profita de leurs dépouilles, et
acquit enfin la jouissance tranquille de ce pouvoir temporel, objet perpétuel de son ambition. Borgia, qui avait fondé sa puissance sur
le fanatisme de ces temps d'ignorance, fit un
trafic d'indulgences encore plus honteux que
ses prédécesseurs. Mais qui nous peindra mieux
la superstition de ces temps déplorables, que
le trait de Vitelli, qui, mourant victime de la
cruauté de ce même Borgia, le fait supplier,
avant d'expirer, de lui accorder ses indulgences?

On a vu jusqu'ici le sacerdoce et la royauté
sans cesse armés l'un contre l'autre, porter
dans toutes les contrées de l'Europe le carnage et la dévastation. On a vu le gouvernement féodal, avantageux aux ecclésiastiques,
qui, sur-tout en Allemagne, en exerçaient les
droits tyranniques, ajouter encore à ces calamités. Ces temps désastreux de la puissance
temporelle du clergé et de la souveraineté
féodale des nobles, avaient mis le comble à
la misère et à la dégradation des peuples : la
république chrétienne du rite latin, n'avait

cessé pendant huit siècles de guerroyer pour
les intérêts des uns et des autres.

Depuis que la religion n'était plus persécutée, elle était devenue persécutrice; dès
lors les ministres avaient cessé d'être les mo-
dèles des vertus qu'ils s'efforçaient vainement
encore de vouloir faire pratiquer aux autres.
La soif de l'or et de la puissance avait déna-
turé peu à peu dans le clergé l'esprit de son
institution. Malgré ses grands biens, les
annates, les indulgences, les dispenses ;
une multitude d'autres inventions mercan-
tiles venaient encore grossir son trésor. S'em-
parant de l'homme dès sa naissance, et le
suivant même au-delà du tombeau, le clergé
non seulement le rançonnait à toutes les
époques de la vie; mais il lui fallait encore
acquitter la dîme pour l'entretien des seuls
ecclésiastiques vraiment utiles, de ceux qui,
sans leur misère, eussent pu venir à l'aide de
l'indigence et du malheur, et qui étaient réduits, par la dureté des prélats, à ne pouvoir
secourir le pauvre que par de stériles conso-
lations. Il fallait payer pour la construction
et l'entretien des églises et des presbytères,
solder les aumôniers des troupes, tandis qu'une
multitude de moines fainéans, et souvent scan-

daleux, surchargeaient la terre du poids de
leur inutilité, et qu'un seul grand bénéficier
absorbait la subsistance de trois ou quatre
mille familles (8). Il suffisait, dans ces siècles ténébreux, de faire entendre quelques
plaintes, ou quelques réclamations contre
les vexations du clergé, pour être traité
comme hérétique, et, devenir victime de
ces exécutions barbares qui révoltèrent les
peuples dans quelques coins de l'Europe, furent l'origine de la secte des Albigeois, des
Hussites, amenèrent les guerres d'extermination qui en furent la suite, et coûtèrent la
vie à une multitude de citoyens.

Cet incendie, étouffé dans des torrens de
sang, eût été suivi sans doute d'une com-
bustion générale, si les peuples, unis par des
liaisons de commerce plus étendues, eussent
eu alors des moyens plus faciles de se com-
muniquer leurs pensées; mais ces moyens ne
tardèrent pas à naître. La découverte de l'imprimerie, l'invention des postes, vinrent
bientôt changer l'état des choses, et donner
à l'énergie de quelques hommes une impulsion, une rapidité, que les satellites et les
bourreaux du saint office ne purent plus arrêter. L'inquisition, ce tribunal odieux établi

comme nous l'avons vu dans le treizième siècle, d'abord circonscrit dans le seul droit de
déceler les hérétiques, de leur imposer des
taxes, de les excommunier, et d'accorder des
indulgences aux souverains qui les extermi-
neraient, ne tarda pas à étendre son odieuse
puissance. Cette institution ne parvint pas
à s'acclimater en France, où d'abord elle
souleva tous les esprits. N'ayant pu s'établir
à Venise, sans se soumettre à l'inquisition
d'état, n'ayant pu s'y approprier la confis-
cation du bien des condamnés, elle n'y fut
jamais dangereuse. A Naples, elle demeura
presque nulle, par les débats perpétuels
qui eurent lieu entre le pape et le roi, pour
la nomination du premier inquisiteur. A
Rome même, l'intérêt, la crainte d'éloigner
de cette ville célèbre les étrangers qui, par
leur affluence, l'entretenaient dans la prospérité, la rendirent tolérable. Ce fut donc seulement en Portugal, et sur-tout en Espagne,
qu'elle déploya toutes ses fureurs, particu-
lièrement contre les Juifs et les Maures. Le
grand inquisiteur Torquemada y fit périr
dans les flammes plus de six mille personnes;
les détails des horribles cérémonies qui ac-
compagnaient ces sanglantes exécutions,

nous rappellent parfaitement les festins des cannibales. (9)

Quand on réfléchit à ces atrocités, et à la vie scandaleuse du clergé dans ces temps malheureux, on sent combien une réformation était devenue nécessaire. On est révolté quand on lit les dispositions testamentaires d'un Croy, évêque de Cambrai ; de ce siége honoré depuis par Fénélon ; cet indigne prélat, non content de léguer par son testament une somme d'argent à ses enfans naturels, ne rougit pas d'en léguer une seconde, « *qu'il* « *tient, dit-il, en réserve pour ceux qu'il es-* « *père que Dieu lui fera la grace de lui ac-* « *corder encore, s'il est assez heureux pour* « *échapper à sa maladie.* » Quand on voit au nombre des griefs allégués contre les évêques, dans une diète tenue sous Maximilien Ier, celui de vendre aux curés, pour un écu, la permission d'avoir des concubines : on n'est plus surpris, que, dans plusieurs conciles, on ait si fort insisté sur le mariage des prêtres.

C'est encore à cette honteuse époque qui précéda la réformation de Luther, que le trafic des indulgences, fruit du génie fiscal de Jean XXII, fut poussé au dernier degré de scandale, et qu'il fut créé des absolutions et des dispenses pour tous les crimes. Par ce détestable code, les forfaits les plus atroces, les déréglemens les plus opposés aux lois de la nature se rachetaient à prix d'argent. On obtenait non seulement le pardon des crimes déjà commis, mais encore de ceux qu'on se proposait de commettre. On lit, dans les mémoires de Joinville, une indulgence, par laquelle on remettait d'avance au cardinal de Lorraine, et à douze personnes de sa suite, à chacun trois péchés. Enfin, Le Laboureur, écrivain véridique, rapporte que la duchesse de Bourbon, sœur de Charles VIII, obtint le droit, pour elle et pour dix personnes de sa maison, de se faire absoudre de tous leurs péchés à quarante-sept fêtes de l'année, sans compter les dimanches. Toutes ces absurdités, à la vérité, n'étaient autorisées par aucune loi de l'église; c'étaient des abus; mais ces abus, entretenus par la cupidité des ecclésiastiques, étaient un grand objet de scandale pour les peuples.

IIᵉ PARTIE.

De la Réformation, et de son Influence politique.

TEL était l'état des choses en Europe, lorsque Léon X parvint au trône pontifical. Issu d'une famille illustrée par les lettres et les arts, dont il était lui-même amateur passionné, son siècle fut celui de l'urbanité et de la galanterie. Il changea entièrement le système de la cour de Rome : s'il n'édifia pas les chrétiens par sa piété, au moins il n'affligea pas l'humanité par sa conduite, comme l'avaient fait quelques-uns de ses prédécesseurs. Mais si le siècle des horreurs était passé, (10) celui du scandale ne l'était pas : plusieurs gouvernemens encourageaient, même par politique, les désordres parmi le clergé, pour lui ravir l'estime des peuples, et par conséquent une partie du dangereux crédit dont il avait tant abusé. Cependant l'époque approchait à laquelle les lumières appelées en France et en Allemagne préparaient déjà la ruine de l'influence sacerdotale sur les affaires temporelles.

Ce fut l'amour du faste, l'abus de la passion du luxe, et les énormes dépenses qu'ils occasionnèrent, qui forcèrent Léon X à user aussi des moyens que ses prédécesseurs avaient employés avec tant de succès, pour obtenir de l'argent des peuples. Ce pontife prétextant une guerre contre les Turcs, prétexte usé depuis long-temps, répandit dans toute l'Europe des missionnaires pour y débiter des indulgences. Les Augustins, chargés de cette mission pour l'Allemagne, y établirent des bureaux qu'ils affermèrent comme le sont les droits de douanes et d'entrées. Plusieurs de ces moines, non contens de mener une vie dissolue dans des tavernes, ou dans des lieux de débauches, s'étant permis en chaire les assertions les plus révoltantes en faveur de la puissance ecclésiastique, la cour de Rome, d'après les plaintes qui lui en furent faites, se crut obligée de les destituer; alors elle chargea les Jacobins de recueillir à leur place cette abondante moisson. Cet événement, peu important en soi en apparence, précipita la venue de ce schisme fameux qui

inonda l'Europe de sang pendant un siècle.
Telles sont souvent les causes des plus grands
événemens : imperceptibles à leur naissance,
l'intérêt, la vanité, toutes les passions humaines viennent en arrêter ou en précipiter le
cours, et une légère étincelle amène un vaste
incendie. Ce fut ainsi qu'une simple querelle,
entre deux ordres religieux, hâta l'instant
d'un bouleversement général.

Déjà un homme doué d'un génie vaste,
d'une ame ardente, et d'un caractère éner-
gique, avait pris naissance vers les rives de
l'Elbe. Quoique ses parens n'eussent ni fortune, ni illustration, ils lui avaient donné
une excellente éducation. Témoin d'un événement funeste arrivé à l'un de ses compa-
gnons, qui fut frappé de la foudre à ses côtés;
prenant cet accident pour une inspiration
du ciel, il se détermina, malgré sa famille,
à embrasser l'état monastique, et entra dans
l'ordre de Saint-Augustin. Dès lors, il se livra
avec une ardeur peu commune à l'étude des
langues anciennes, ainsi qu'à celle de la théologie scolastique, étude alors fort en usage.
Frugal, laborieux, joignant à une imagina-
tion impétueuse cette constance rare, qui souvent même assure les succès de la médiocrité;

il possédait aussi cette éloquence entraînante, l'art véritable d'émouvoir les passions. Il était sur-tout vivement agité par ce goût pour l'innovation , et cet amour de la célébrité, qui caractérisent ordinairement les hommes que la nature destine à faire époque dans leur siècle.

Cet homme extraordinaire était Luther! il crut avoir trouvé l'instant favorable pour amener de grands changemens dans le sys- tème politique et religieux de l'Europe. Les circonstances étaient heureuses, les nouveaux missionnaires ne se conduisaient guère mieux que les anciens ; la Saxe, sa patrie, étant une des contrées où ils se comportaient avec le plus·d'indécence , il commença donc à dé- clamer d'une manière véhémente contre l'a- bus des indulgences , et bientôt après contre les indulgences elles-mêmes.. Ses sermons et les thèses , qu'il fit imprimer, produisirent une sensation générale dans toute l'Allema- gne. Non seulement Frédéric, électeur de Saxe, brouillé avec le pape, à cause de l'é- lection d'Albert de Brandebourg à l'arche- vêché de Magdebourg , l'électeur Palatin et plusieurs évêques se déclarèrent secrète- ment pour lui; mais les peuples mêmes commencèrent à ouvrir les yeux, et à témoigner du mépris pour les indulgences, à un tel point, que le missionnaire Telzel, étant venu à Friberg pour en distribuer, fut assailli par les ouvriers des mines, et faillit perdre la vie.

Toute l'Allemagne, les yeux fixés sur Luther, admirait le courage d'un simple moine, qui, seul, osait attaquer aussi vivement les abus du pontificat, qui, traitant d'égal à égal avec le pape, faisait brûler sa bulle, par représailles de ce qu'il avait fait brûler ses écrits, et cela, dans un temps où aucun prince n'avait encore osé contredire le saint siége. Cet heureux succès enhardissant Luther, il poussa plus loin son entreprise, et ne craignit pas même d'attaquer l'infaillibilité du pape. Mais les persécutions de la cour de Rome, les chagrins qu'elles lui firent éprouver, et auxquels il devait s'attendre, ayant encore aigri son caractère déjà fort irascible ; il s'ensuivit de part et d'autre des écrits scandaleux, dans lesquels les deux partis, ne gardant plus de mesure, étaient également maltraités.

Les choses étaient en cet état, lorsque la mort de l'empereur Maximilien vint chan-

ger tout à coup la face politique de l'Europe.
Deux compétiteurs puissans et ambitieux
s'étaient mis sur les rangs pour lui succéder.
L'un d'eux, Charles-Quint, quoique jeune et
sans expérience, annonçait déjà ce qu'il
devait être un jour : faux et dissimulé, politique profond, affectant toutes les vertus,
sur-tout celles qui lui manquaient; occupé
sans cesse du soin de tendre des piéges à
ses ennemis, n'estimant les hommes qu'autant qu'ils pouvaient devenir utiles à ses des-
seins; s'il parvint à rendre son nom célèbre, ce fut plutôt par suite de sa jalousie
contre son rival, que par un véritable amour
de la gloire. François Ier, au contraire, na-
turellement vaillant et magnanime, ne connaissait ni l'astuce, ni la dissimulation; d'un
caractère franc, affable et généreux, il était
susceptible d'attachement et de reconnaissance; et, quoiqu'il fût roi, il était digne
d'avoir des amis. Chérissant les lettres et les
arts, parce qu'il aimait la gloire, ce prince
était aussi éloquent qu'il était brave. Iné-
branlable dans la mauvaise fortune, autant
qu'il était constant en amitié, il ne lui manqua qu'une plus longue vie, pour réparer
complètement par une sage économie les

fautes et les profusions des premières années de son règne. Tels étaient les deux puissans princes qui avaient alors la plus grande influence en Europe. Charles-Quint, plus rusé, plus fin politique que son rival, et qui d'ailleurs n'épargnait ni or, ni intrigues pour réussir, devait donc l'écarter de l'empire; c'est ce qui arriva.

A cette époque, la réformation des abus de la puissance et des prétentions du clergé sur le temporel des princes, était devenue indispensable pour prévenir de plus grands maux. C'était le véritable instant, sans doute, de réformer les mœurs des ecclésiastiques, de réprimer leur luxe : les princes, les peuples, le clergé, peut-être le pape lui-même, en sentaient la nécessité ; mais il arriva alors ce qui arrive toujours en semblable occasion : tout le monde desire la réforme, mais personne ne consent à se réformer. La diète de Nuremberg, celle d'Ausbourg, à laquelle Luther fut appelé, ne produisirent aucune amélioration ; on s'amusa à disputer sur des mots, et on ne s'occupa pas des choses essentielles.

Le moment était favorable, tous les princes, d'un concert unanime, pouvaient adop-

ter une réformation et une constitution civile
du clergé, qui seraient devenues beaucoup
plus convenables à leurs intérêts, à l'in-
dépendance de leur autorité, et à la sûreté
de leurs personnes. Des biens immenses à
réunir à leurs domaines, l'affranchissement
d'une foule d'impôts onéreux que la superstition, l'astuce du clergé levaient sur les peuples, et qui eussent pu être reportés à l'avantage de l'agriculture et de l'industrie, devaient
sans doute leur en faire naître l'idée : aussi,
plusieurs souverains s'étaient-ils déjà empressés d'adopter cette réformation. François Ier,
toujours aux expédiens, aurait pu profiter
sans doute d'une aussi belle occasion pour
remplir le vide que ses prodigalités avaient
occasionné dans ses finances; mais son ambition et celle de son compétiteur, qui les portaient à tirer parti pour eux de l'autorité des
papes, fut peut-être une des causes qui les
arrêtèrent l'un et l'autre. D'ailleurs des changemens assez brusques introduits dans le dogme, inspirés peut-être autant par l'opiniâtreté
de Luther que par son enthousiasme, contribuèrent à en arrêter les progrès. Il eût été
possible alors de séculariser toutes les puissances ecclésiastiques d'Allemagne; mais cette

opération importante ne fut qu'ébauchée par le fameux traité de Westphalie : l'achèvement en était réservé pour une époque où les lumières auraient acquis plus d'étendue, où la raison aurait fait plus de progrès, où un concours de circonstances heureuses, d'hommes habiles, et les victoires éclatantes d'une grande nation en auraient aplani les difficultés.

Cependant tous les princes, d'un accord unanime, demandaient un concile pour la réformation du clergé ; mais malgré la prétention qu'avaient les papes, de croire leurs décrets au-dessus de l'autorité des conciles, ils craignaient néanmoins de n'être plus les maîtres de les diriger à leur gré, et continuaient de les éluder. (11) Enfin, il fut assemblé à Trente ; l'ouverture s'en fit par des festins et des bals, auxquels on joignit une distribution de trois ans d'indulgences en faveur de ceux qui y assisteraient. Paul III, qui occupait alors le trône pontifical, parvint, avant l'ouverture du concile, à obtenir de Charles-Quint le duché de Parme, pour un de ses enfans naturels, qui n'en jouit pas long-temps, ayant été assassiné dans la ville de Plaisance, par suite de ses débauches. Ce concile, interrompu et repris plusieurs fois, troublé souvent par des disputes sur la prééminence, n'eut pas un plus heureux succès que les précédens, et n'amena pas les grandes et utiles réformes qu'on avait lieu d'en espérer. On s'y occupa peu des matières importantes pour lesquelles il avait été convoqué; la grace et la prédestination furent les objets principaux qui remplirent le temps de ses séances.

Le pape, afin d'obtenir plus facilement ce qu'il desirait, ne se fit pas scrupule de distribuer beaucoup d'argent aux pères du concile, ainsi qu'à quelques souverains; mais cette mesure ne produisit pas l'effet auquel il s'était attendu ; elle occasionna, au contraire, des plaintes et des mécontentemens de la part de ceux qui ne participèrent que peu ou point à ses largesses.

Cependant Luther s'acheminait insensiblement vers le but qu'il s'était proposé. Si en ouvrant les portes des monastères, en détruisant le célibat des prêtres, il avait paru aux yeux de la multitude vouloir donner un champ plus vaste aux passions humaines ; en examinant de près sa conduite, on la trouvait fort opposée à cette pensée : car il s'empressait, au contraire, de proscrire tout ce qui pouvait les atter. Les spectacles, les jeux même furent interdits dans tous les lieux où la réformation s'était étendue, lorsque les réformés y étaient en majorité. L'abolition des moines n'avait d'ailleurs rien qui ne fût conforme au vœu de la majorité des peuples. Les moines, d'abord utiles par leurs travaux, par leurs défriche- mens, et par les lumières qu'ils recueillirent, se furent à peine enrichis, qu'ils devinrent, comme nous l'avons vu, des objets de scandale. Leur nombre s'augmentait insensiblement d'une manière effrayante, par l'attrait sédui- sant de l'oisiveté qui leur faisait une multitude de prosélytes, et devenait aussi nuisible à la population et à la splendeur des états, que leurs mœurs l'étaient à la morale des peuples. Vers la fin du seizième siècle, on comptait en Eu- rope six cent mille moines. En France seu- lement, plus de deux cent mille bras étaient enlevés ainsi à l'agriculture et aux arts. S'ils avaient fait vœu de pauvreté et de chasteté, ils n'observaient guère l'un plus que l'autre : cette époque était donc favorable à Luther pour établir le mariage des prêtres ; et, pour être conséquent avec ses principes, il leur en donna l'exemple. Ce fut alors que les prélats crièrent au scandale, et, comme il arrive toujours, ce furent les plus scandaleux qui crièrent le plus fort; mais Luther, retiré dans une forteresse de la Saxe, bravait leurs vaines clameurs, ainsi que la puissance du saint siége, à qui il ne cessait d'enlever des prosélytes. Si on l'avait vu, à la diète d'Ausbourg, soutenir sa doctrine avec courage devant Charles-Quint, il ne lui parut pas prudent d'exposer sa personne au concile de Trente, où il aurait pu éprouver le sort que Jean Hus et Jérôme de Prague, avaient éprouvé à celui de Constance.

Calvin, autre réformateur, n'avait paru qu'après Luther; moins courageux que lui, peut-être même que, sans ce dernier, il n'aurait jamais pensé à se mettre en évidence : devenu aussi chef de secte, il avait fait des changemens considérables dans la doctrine de Luther : assez instruit, possédant parfaitement les langues savantes, écrivant mieux que son antagoniste, il n'avait cependant pas autant d'éloquence naturelle. Ces deux rivaux, semblables à deux conquérans, brûlaient du desir d'étendre leur doctrine, et d'augmenter leur empire sur les esprits comme sur les consciences. Tous deux, également désintéressés, étaient presque aussi irascibles l'un que l'autre; mais Luther, moins intolérant, moins farouche que son compétiteur, avait sur lui l'avantage d'exercer son influence sur un plus grand théâtre, et d'avoir à combattre directement des personnages plus illustres. Le luthérianisme moins éloigné, par la forme, du culte catholique, ayant conservé en partie la hiérarchie ecclésiastique, était par conséquent plus convenable aux souverains que le calvinisme, qui, l'ayant rejetée presque entièrement, avait laissé au peuple la nomination de ses ministres, et adopté des formes plus républicaines : mais ces deux sectes ont eu une telle analogie dans leurs résultats politiques, qu'elles ont été confondues l'une et l'autre sous la même dénomination de protestant et de réformé. Calvin, d'un naturel envieux et vindicatif, abusant de l'empire qu'il s'était acquis sur l'esprit des Genévois, fit brûler Servet, à son passage par cette ville, pour venger son orgueil théologique ulcéré par les écrits de ce dernier. Son caractère sombre et cruel, qu'il communiqua à ses sectateurs, ne contribua pas peu à exaspérer les esprits, et à rendre encore plus sanglantes les divisions qui désolèrent la France à cette époque.

La Pragmatique de Bourges, (en 1515 et

1516) sous Charles VII, avait causé dans ce royaume une espèce de schisme : par elle, l'église romaine nommait ses ministres : cet usage favorable au mérite et aux vertus, d'ailleurs conforme à ce qui s'était toujours pratiqué dans la primitive église, était agréable au peuple; mais le chancelier Duprat, qui voulait devenir cardinal, engagea François Ier, pour faire sa cour au saint siége, à signer un concordat, qui, donnant au roi la collation aux bénéfices, en accordait au pape le revenu d'une année. Les parlemens, les universités sur-tout, qui, par cet arrangement perdaient un de leurs plus beaux droits, y furent long-temps opposés. Enfin, l'espoir d'obtenir de la cour des places et des bénéfices, engagea ces derniers à céder ; et des lettres de jussion contraignirent le parlement à l'enregistrer.

Ce nouvel ordre de choses causa dans l'Europe une fermentation générale, dont Luther ne manqua pas de profiter. Néanmoins, sous plus d'un rapport il devint favorable au gouvernement, en détachant les bénéficiers des intérêts de la cour de Rome, et en les liant davantage aux rois, devenus seuls dispensateurs des graces et des dignités ecclésiastiques. Ce concordat, adopté par plusieurs souverains à l'époque de la réformation, contribua à diminuer insensiblement l'ascendant du saint siége sur les différens états.

Les réformateurs qui possédaient, mieux que le clergé catholique, cette éloquence du cœur qui entraîne, savaient aussi se populariser bien plus que ses fastueux prélats, qui semblaient dédaigner des moyens auxquels cependant ils avaient eu recours avec succès dans la primitive église. (12) D'ailleurs, l'usage de célébrer les offices en langue vulgaire, adopté par Luther, et substitué à celui de prier Dieu dans une langue étrangère, usage propagé par l'orgueil ultramontain, coopéra plus qu'on ne pense aux succès de la réformation. La cour de Rome elle-même dont la hauteur avait offensé quelques souverains d'Allemagne, contribua encore par son imprudente conduite au progrès que la réformation fit en Saxe, dans le Palatinat, ainsi que dans les états de Hesse et de Brunswick. Ce fut à cette époque que les évêchés de Lubeck et de Munster commencèrent à alterner entre des évêques des deux communions. Ce fut encore par la hauteur et la maladresse des papes que l'Angleterre, l'Irlande, la Hollande, et une partie de la Suisse, adoptèrent la réformation. La tyrannie de Christiern, et sur-tout l'affreuse barbarie de l'archevêque d'Upsal, qui, la bulle du pape à la main, fit égorger dans un festin le sénat et les premières familles de Suède, indignèrent tellement les Suédois, et les Danois eux-mêmes, instrumens de cette perfidie, qu'ils suivirent l'exemple du nord de l'Allemagne.

Il faut convenir, cependant, que la plupart des princes qui adoptèrent les dogmes de Luther, le firent principalement dans le dessein de s'approprier les richesses des églises et des monastères, et afin de réparer, par ce moyen, le vide que leur ambition ou leur inconduite avait causé dans leurs finances. Quelques princes plus sages, tels que l'électeur de Saxe et plusieurs autres, employèrent ces biens à doter des hospices et des maisons d'éducation, et surent faire tourner ainsi les richesses destinées à propager l'oisiveté, au profit de l'indigence et au progrès des lumières.

Il est digne de remarque, que la réformation s'empara du nord de l'Europe, tandis que tout le midi conserva le catholicisme. Indépendamment des causes politiques que

les circonstances amenèrent, si nous y joi-
gnons celles que présente la chaleur du cli-
mat, qui, donnant plus d'activité à l'imagi-
nation, paraît plus compatible avec une religion dont les cérémonies parlent davantage
aux sens, nous y verrons que l'énergie des
peuples du nord a aussi plus d'analogie avec
les principes de liberté qui caractérisaient les
nouveaux dogmes. Quoi qu'on en dise, l'influence des climats ne se fait pas impunément sentir; elle commande impérieusement!
La nature, les lois, les religions mêmes,
sont forcées de composer avec elle. Aussi,
sous le ciel brûlant d'Italie, rien de plus
commode que le catholicisme, on s'y per-
met tout, pourvu qu'on se prosterne souvent
aux pieds d'un prêtre. En général, dans
cette contrée les ministres du culte (peut-être
par politique) sont plus tolérans qu'ailleurs.
Nous ajouterons encore que les temples ma-
gnifiquement ornés, moins froids que dans
le nord, des offices beaucoup plus courts, ac-
compagnés d'une excellente musique, présentent un lieu et un objet de réunion agréable, où souvent même l'amour établit sa
cour. Les mêmes rapports peuvent se rencontrer en Espagne et en Portugal ; tandis qu'en

France et en Allemagne, au contraire, les prêtres sont beaucoup plus sévères, et par conséquent rendent beaucoup plus pénible la stricte obligation des devoirs que le catholicisme impose.

Malgré tous les bouleversemens arrivés dans l'église catholique, où tant de cures et d'évêchés changèrent de culte et de pasteurs, les ministres protestans ne s'enrichirent point. Jaloux, seulement, de mériter l'estime des peuples, ils auraient eu honte de convoiter des biens qui avaient été le perpétuel objet de leur censure, et dont ils avaient blâmé l'abus. Contens des modiques traitemens qui leur avaient été assignés, et qui suffisaient à leurs besoins, on ne les vit point, comme les prélats romains, afficher un luxe fait pour exciter l'envie, ni donner dans des excès qui amènent toujours le scandale. Ne pouvant en imposer par l'éclat des richesses, ils cherchèrent à s'attirer la considération et l'estime par leur mérite personnel, et par la régularité de leurs mœurs. (13) Dans tous les pays où la religion protestante a été dominante, on l'a vue le plus souvent favorable à la paix et au bonheur de l'état.

Les prétentions qu'avait eues si long-temps

la cour de Rome, de donner les empires et
les investitures, trouvèrent enfin leur terme
à l'époque de la réformation. (14) Charles-
Quint, fut le dernier empereur qui reçut la
couronne des mains du pape. Si Luther était
parvenu à soulever les princes contre le despotisme ultramontain, un nommé Muncer
parvint également à soulever les peuples contre la tyrannie des seigneurs. Les paysans
de la Souabe s'étant révoltés, et cette révolte
s'étant étendue dans diverses contrées de
l'Allemagne, ils y commirent les plus grands
excès. Leurs plaintes étaient justes, mais les
moyens qu'ils employèrent pour obtenir le
redressement de leurs griefs furent odieux.
Les fausses idées qui leur avaient été suggérées sur l'égalité naturelle augmentèrent
encore le désordre : la doctrine de Luther
avait contribué sans doute à les faire naître ;
néanmoins ce réformateur les condamna publiquement ; il publia même à cette époque
plusieurs écrits vigoureux pour engager les
insurgés à mettre bas les armes. Sa conduite
dans une infinité de circonstances prouva que
ces écrits étaient sincères. Cependant ils ne
produisirent aucun effet ; et cette guerre désastreuse ne finit que par l'extermination des

anabatistes , dont le chef périt sur l'échafaud ;
mais, par un abus cruel de la victoire, tous
ceux de cette secte qui ne s'étaient pas révoltés n'en furent pas moins pillés, brûlés,
ou égorgés : car, dans ces temps de calamités,
le seul soupçon de professer cette doctrine
devenait un arrêt de mort. Zuingle eut un
meilleur succès dans la Suisse ; s'il périt dans
un combat, au moins laissa-t-il après lui sa
secte solidement établie.

A cette même époque, François Ier, ligué
contre Charles-Quint avec les réformés d'Allemagne, n'en laissait pas moins les évêques
et les parlemens de son royaume exercer des
cruautés inouies contre ceux de ses sujets qui
avaient embrassé le protestantisme, et l'on
se souviendra long-temps de Cabrières et de
Mérindol. Libérateur de Genève , le chef-
lieu de la réformation , protecteur ardent des
réformés chez ses voisins, dans ses états il
en était le plus zélé persécuteur. C'est ainsi
que les rois perdent souvent de vue les sen-
timens de la justice et de l'humanité , lorsqu'ils se laissent aveuglément guider par les
erreurs de la politique. (15)

François Ier, fait prisonnier à la journée
de Pavie, laissait un champ libre à l'ambi-

tion de Charles-Quint, qui commençait déjà à inquiéter le saint siége, autant au moins que les succès de Luther; aussi le pape s'empressa-t-il de relever le roi de France, de retour de sa captivité, des promesses qu'il avait faites à l'empereur lorsqu'il rompit ses fers. Charles-Quint pour se venger, fit saccager Rome par ses soldats, et retint long-temps le pape captif au château Saint-Ange.

L'empereur, plus heureux que son compétiteur, combat toujours les Français avec avantage au-delà des Alpes, repousse les Turcs, donne des lois à l'Afrique, où il délivre des fers une multitude de chrétiens de toutes les nations, qui font retentir dans toutes les contrées de l'Europe les louanges de leur libérateur, et dans tous les cœurs le cri de la reconnaissance. Vainqueur des réformés unis à Smalkalde, Charles-Quint semblait, après la journée de Mulberg, devoir anéantir le luthérianisme; l'électeur de Saxe, le landgrave de Hesse, l'ame de ce parti, étaient dans les fers; mais la jalousie de Paul III, qui lui avait fait retirer les troupes à sa solde de l'armée de l'empereur; la haine de Henri II, successeur de François Ier,

qui venait de descendre dans la tombe ; l'é-
nergie de quelques souverains, et sur-tout
celle des réformés que la mort de Luther n'a-
vait pas affaiblie, (16) empêchèrent Charles-
Quint de profiter d'une victoire qui semblait
devoir lui soumettre toute l'Allemagne. Il est
utile d'observer que les princes luthériens et
le luthérianisme même, ne dûrent souvent
leur salut qu'à la jalousie des rois de France :
on peut ajouter même à celle de la cour de
Rome.

Enfin, las des grandeurs humaines, dé-
goûté de la puissance, accablé d'infirmités,
Charles-Quint, voulant donner un nouveau
spectacle au monde, abdique cette puissance,
l'objet de la convoitise de tous les hommes,
et qui n'a jamais fait le bonheur d'aucun.
Avant de remettre les rênes de l'empire, il
assura dans la diète d'Ausbourg à ces mêmes
protestans qu'il avait si long-temps persécutés, la libre et tranquille possession des biens
ecclésiastiques dont il s'étaient emparés. Ainsi
on peut dire de ce prince, qu'à la veille de
s'ensevelir dans un cloître, il se revêtit du
manteau de la philosophie, et embrassa le
tolérantisme. Charles-Quint avait tenté plusieurs fois, mais inutilement, de concilier les

esprits ; il avait même publié un intérim ,
qui permettait provisoirement le mariage des
prêtres, et la communion sous les deux es-
pèces; mais ces moyens conciliatoires, qui ne
contentaient personne, furent également re-
jetés des deux partis.

L'empereur Rodolphe, qui avait succédé
à Maximilien, fils de Ferdinand Ier, prince
très-versé dans les hautes sciences, mais mauvais administrateur, vit naître une ligue catholique en Allemagne, à laquelle la succession de Juliers donna lieu. Cette ligue en
amena une nouvelle entre les *Protestans*,
ainsi appelés depuis la diète de Spire, dans
laquelle ils avaient protesté contre les décisions qui y furent prises contre eux. Cette
nouvelle ligue causa une sanglante guerre,
qui ravagea l'Allemagne pendant trente ans.
Ferdinand II, qui régna après Mathias, successeur de Rodolphe, tyrannisa cette belle
contrée, et mit de sa seule autorité l'électeur
Palatin au ban de l'empire, ainsi que le duc
de Mekelbourg. Ce prince despote, après
avoir dévasté et subjugué l'Allemagne, ré-
voqué tous les priviléges des protestans, était
à la veille de les anéantir, lorsque la politique
de la France appelle Gustave Adolphe, du

fond de la Baltique, pour mettre un terme à ses succès.

En Angleterre, la dépravation des mœurs de Henri VIII, prince opiniâtre, sanguinaire et voluptueux, amena la réformation. Poussé par le cardinal de Volsey, qui en voulait à l'empereur, piqué lui-même du refus que lui faisait le pape d'une bulle pour la dissolution de son mariage avec Catherine d'Aragon, Henri se détermina à consommer son divorce par la seule autorisation de son clergé, appuyé des décisions favorables des docteurs de différens pays ; décisions acquises à prix d'argent. Cet acte impolitique ayant obligé Léon X, à l'instigation de l'empereur, frère de la reine d'Angleterre, de mettre ce royaume en interdit par une conduite plus impolitique encore, le clergé, à qui Henri avait laissé ses propriétés, et qui avait continué ses fonctions, (17) le déclara chef de l'église anglicane. Ce fut ainsi que ce prince réunit à la puissance temporelle l'autorité sacerdotale dans ses deux royaumes, et devint paisible possesseur de tous les biens des moines. Quoique les évêques d'Angleterre eussent entièrement renoncé à la juridiction du pape, ils ne s'en piquaient pas moins de catholicisme ;

et, de crainte qu'on n'en doutât, ils s'empressaient de condamner à mort tous les hérétiques qui avaient le malheur de tomber dans leurs mains. Le roi lui-même, qui se mêlait de théologie, et qui avait écrit contre Luther, ayant convoqué une grande assemblée à Westminster, y soutint une dispute de controverse avec un fameux sacramentaire nommé Lambert : ce prince, ayant eu le dessous dans cette lutte, fit faire le procès à son antagoniste, qui préféra de se laisser brûler plutôt que de revenir à l'avis du roi.

Tous ces meurtres autorisés par le parlement d'Angleterre, sont de honteux exemples de ce que peuvent produire, l'abus du pouvoir d'une part, la lâcheté et la faiblesse de l'autre. De semblables adhésions des corps conservateurs de la vie et de l'honneur des citoyens, aux usurpations et aux crimes de ceux qui régissent les empires, sont affligeans sans doute pour les hommes qui ont conservé quelque énergie; et, s'il était possible d'y rencontrer quelque idée consolatrice, ce serait peut-être celle que l'excès du mal en amène le terme.

La suprématie du saint siége fut rétablie momentanément pendant le règne de Marie,

4

fille de Henri VIII; et ce ne fut que sous celui d'Elisabeth, sœur de cette princesse, que le protestantisme y fut entièrement consolidé. C'est sans doute à son influence qu'est dû l'esprit national qui maintint la charte constitutionnelle sous le faible, mais astucieux gouvernement des Stuart. Malgré toutes les conspirations réitérées des catholiques, et les atrocités dont le massacre d'Irlande, (18) digne de figurer à côté de la Saint Barthélemy, fut le prélude; c'est encore à l'influence de la réformation qu'il faut attribuer l'opulence ainsi que l'accroissement de population et de commerce, qui a amené cette nation au plus haut degré de prospérité.

Les Danois, au contraire, lassés des troubles et de l'anarchie, qui depuis long-temps agitaient leur patrie, y établirent le despotisme par un acte volontaire, auquel cependant l'ordre des paysans ne contribua pas : ou plutôt la cour profita d'un moment de faiblesse et de lassitude pour le faire adopter. Heureusement pour les rois, plus heureusement encore pour les peuples, les premiers, depuis plus d'un siècle, n'ont point encore abusé dans ce royaume de l'autorité qui leur a été confiée. La Suède et la Prusse ne comptent dans la balance politique de l'Europe que depuis la réforme, et sur-tout sous le règne des Gustave et des Frédéric. Les Suédois limitèrent à la même époque l'autorité royale, quoique déjà fort resserrée; et tous les efforts du roi Jean pour rétablir le catholicisme dans ses états demeurèrent infructueux. Depuis le règne de ce prince, Gustave Adolphe devint le plus ferme appui de la réformation, dont il peut être regardé comme le restaurateur en Allemagne.

En Espagne, les rois avaient prévenu les querelles de religion dans leurs états du midi, en livrant sans réserve leurs peuples au despotisme des papes et au fanatisme des moines. L'inquisition empêcha par ses supplices la réformation d'y pénétrer; mais il n'en fut pas de même dans les possessions espagnoles du nord de l'Europe. Philippe II, ayant voulu dépouiller les Flamands de leurs priviléges, leur imposer des taxes arbitraires, et établir l'inquisition chez eux, la crainte de cet odieux tribunal fit plus de prosélytes à Luther que ses livres et ses sermons n'en avaient fait jusqu'alors. Si les Flamands manquaient d'argent et de soldats pour résister à Philippe, la tyrannie du duc d'Albe, ses proscriptions et

ses nombreux échafauds leur en donnèrent.
On peut mettre la réformation au nombre des
causes qui ont diminué sensiblement la puissance et la population de l'Espagne. Proprié-
taire de tout l'or des deux mondes, et des
deux tiers du nouvel hémisphère, cette monarchie n'a fait que décliner depuis cette époque : tandis qu'un pays pauvre, n'ayant d'autre richesse que l'industrie et le travail, d'autre moyen de subsistance que la pêche du
hareng, est parvenu en un demi-siècle à un
degré de puissance et de prospérité qui aurait
lieu d'étonner, si l'on ne savait ce que peut
l'amour du travail uni à celui de la liberté.
Ni les exécutions barbares de Philippe II,
ni la multitude de ses soldats ne purent in-
timider les Flamands. Si, après une guerre
longue et sanglante, les Espagnols parvinrent
enfin à subjuguer le plat pays, les marais
de la Hollande et les bruyères de la Frise
devinrent pour eux des remparts inexpu-
gnables.

A peine les Bataves eurent-ils embrassé la
réformation, que secouant le joug odieux de
l'Espagne, et signant avec le prince d'Orange
la fameuse union d'Utrecht, le fondement
de la république, ils parvinrent à établir une

puissance formidable, qui bientôt se vit en
état d'envahir le commerce des Espagnols,
ainsi qu'une grande partie de leurs possessions
de l'Inde. L'assassinat du prince d'Orange,
loin de les décourager, ne fit qu'augmenter
leur énergie, et la haine qu'ils portaient à la
tyrannie. Les mœurs simples de ces peuples,
l'égalité parfaite qui régnait entre eux, enfin toutes les vertus républicaines, qui,
pendant un demi-siècle, y rappelèrent, non
seulement les beaux jours de Sparte, mais
encore les premiers âges du monde, en
firent des guerriers formidables; et l'on vit
bientôt leur pavillon humilier celui du pré-
somptueux Philippe. Ce fut ainsi, qu'après
une lutte d'un demi-siècle, les Hollandais
par leur énergie, leur sobriété, (19) leur patience, et sur-tout leur amour pour la patrie, dictèrent des lois à la puissance alors la
plus redoutable de l'Europe.

La réformation établie en Hollande, dès
l'origine de la république, contribua beaucoup à sa prospérité. L'on n'y voyait point
de ces prélats opulens dont le luxe et la ma-
gnificence insultent à la misère du pauvre,
et absorbent la subsistance des peuples; ni
de ces moines oisifs qui laissent les terres

stériles et depeuplées. Au contraire, la dou-
ceur du gouvernement, la liberté civile, la
tolérance religieuse, y attiraient en foule, de
toutes les contrées de la terre, les hommes
qui attachaient quelque prix aux idées libé-
rales, et à la faculté d'adorer Dieu à leur
manière. Si de malheureuses querelles théologiques survenues entre les Arméniens et les
Gomaristes, vinrent obscurcir quelques instans l'horizon politique de ce fortuné pays,
il faut plutôt attribuer ces misérables dissentions à l'ambitieuse politique du prince d'O-
range, qui commençait à se manifester, qu'à
un penchant des bons Hollandais pour les
disputes de controverse; et l'on se rappelle-
rait à peine ces troubles, s'ils n'eussent coûté
la vie à Barneveldt. Depuis cette époque, les
Bataves, ayant ouvert les yeux sur le danger
qui les environnait, ne mêlèrent plus la religion dans les démêlés que l'amour de la liberté
ramena quelquefois dans leurs provinces.

De tous les états de l'Europe, la France
fut celui qui demeura le plus longuement,
le plus vivement agité par les querelles de
religion, et où la discorde et le fanatisme
déployèrent leurs fureurs avec le plus d'achar-
nement. Après la fin tragique de Henri II,

sa veuve, Catherine de Médicis, princesse
astucieuse et cruelle, gouverna la France,
ou, pour mieux dire, la livra aux factions qui
la déchiraient. Sa régence fut une suite perpétuelle de négociations entre les différens
partis qui tour à tour ravageaient ce beau
pays, et dont le résultat était toujours une
trahison envers celui dont la puissance lui
paraissait la plus redoutable.

A cette époque, les disputes théologiques
étant devenues un spectacle de mode, des
ministres du culte protestant venaient en
présence de la cour rompre des lances avec
ceux du culte catholique. Mais, comme chez
les premiers le mérite donnait les places,
tandis que, chez les autres, la faveur seule ou
la naissance les faisait obtenir, il arrivait
souvent que ces derniers avaient le désavan-
tage dans ces colloques, et, à la suite de ces
vaines disputes, la guerre ne s'en continuait
pas avec moins de fureur. Les meurtres de
Vassy, la journée à jamais exécrable de la
Saint-Barthélemy, où soixante mille protestans furent égorgés au sein de la confiance
et de la paix, excitèrent leurs frères à la vengeance; et deux millions d'hommes, alarmés
du péril qui les menaçait, redoublèrent

de précautions et d'énergie pour vendre cher
des jours qui n'étaient plus en sûreté. Ce fut
là l'époque où le fanatisme d'un côté, le
désespoir de l'autre, déployèrent en France
toutes les horreurs de la guerre civile, et où
les deux partis, tantôt vainqueurs, tantôt
vaincus, traitèrent leurs ennemis avec une
cruauté que rien ne peut excuser.

Ce fut ainsi que se passa le règne éphé-
mère de François II, et celui de Charles IX.
Henri III, échappé du trône de Pologne,(20)
trouva à son retour le royaume pauvre et
déchiré. Malgré les sanglans souvenirs de la
Saint-Barthélemy, il eut pu sans doute amener les réformés à des idées de paix, et, par
une administration paternelle et sage, fermer
les plaies de la guerre civile : car quelles res-
sources ne présente pas une administration
éclairée et bienfaisante, sur-tout dans un
pays dont le sol est aussi fertile et les habitans aussi industrieux? Mais, sous ce règne
faible et corrompu, les déprédations des cour-
tisans et des mignons, les exactions des ministres et des gens de guerre, surpassèrent
encore tout ce qu'on avait vu jusqu'alors.
Henri III, sans argent et sans soldats, obligé
de traiter avec les réformés, leur accorde le

premier droit que réclame la nature, la liberté de conscience. Contraint ensuite par la Ligue de se parjurer, il est trop heureux, après le meurtre des Guises, de se jeter dans les bras des religionnaires, pour se soustraire à cette même Ligue appuyée des foudres de Rome et des armées de l'Espagne : enfin , près de rentrer dans Paris à l'aide du roi de Navarre, un moine fanatique termine d'un coup de poignard la vie de ce prince, agitée depuis long-temps par la crainte et le remords.

Henri de Bourbon , quoique réunissant dans sa personne les droits que donne la naissance, et les avantages que donne la nature , est obligé d'arracher son sceptre des mains du fanatisme. Forcé, pour entrer dans sa capitale sans répandre le sang des Français , d'abdiquer sa religion, regagnant peu à peu son héritage , autant par sa bonté que par sa valeur , il surmonte enfin toutes les difficultés qui l'environnent. A peine est-il affermi sur son trône pour le bonheur de la nation, qu'il tombe sous les coups d'un assassin , à l'instant où sa puissance respectée en Europe, et sa personne en vénération par toute la terre, n'avaient plus pour ennemis que les ministres d'une religion sainte, qu'il fut obligé pendant sa vie de contraindre, par arrêt du parlement, à faire mention de lui dans les prières publiques.

Henri IV, tranquille possesseur du trône, pouvait reprendre la religion de ses pères ; il le pouvait d'autant mieux, que, malgré la sincérité de son abdication, il était bien persuadé que les ministres du culte catholique étaient ses ennemis. Il ne pouvait ignorer que s'il eût établi la réforme en France, il eût accru sa puissance par l'influence qu'elle lui aurait donnée sur tous les états protestans. Ce parti alors lui fut devenu avantageux sous le rapport du commerce et de la politique ; mais il répugnait à la franchise de Henri, lui qui connaissait si bien les funestes effets des passions haineuses, l'atrocité des guerres de religion ; lui qui avait gémi tant de fois sur la misère des peuples et les horreurs de la guerre civile ; lui enfin, qui frissonnait à la seule idée de voir encore la France en proie aux calamités dont il l'avait délivrée. Ce prince ne fut connu qu'à sa mort ; ce fut seulement à cette époque que la nation sut apprécier ses vertus. Ce bon prince, qui se donna tant de peine pour rendre les peuples heureux, qui mérita tant de l'être, ne le fut lui-même, ni dans le sein de sa famille, ni dans aucune de ses affections.

Henri, qui avait su pendant sa vie comprimer toutes les factions par sa sagesse et sa prudence, qui, par son célèbre édit de Nantes, avait satisfait aux justes prétentions des protestans, sans compromettre les intérêts des catholiques, n'eut pas plutôt les yeux fermés, (21) que les troubles commencèrent à renaître. Sous une régence faible et corrompue, les épargnes du grand Henri furent bientôt dissipées. Des ministres ignorans et pervers, les indignes successeurs du vertueux Sully, tenant Louis XIII en tutelle à sa majorité, plongèrent la France dans le trouble et dans l'anarchie. L'assassinat du maréchal d'Ancre, suivi du visiriat de Deluynes, des brouilleries de la mère et du fils, et de celles des deux frères, amenèrent de nouvelles divisions entre les catholiques et les protestans. Ces derniers déjà puissans, sollicités alternativement par tous les partis, ayant pris ombrage de différens édits qui compromettaient leur sûreté, avaient fait des dispositions dont la cour commençait à son tour à s'inquiéter. Les commandans des provinces devenus forts de la faiblesse du gouvernement, s'étaient retranchés dans leurs départemens, et, suivant les circonstances, prenaient parti pour ou contre la cour. Tel était l'état des choses, lorsque Richelieu se plaça à la tête des affaires. (22) Cet homme, d'un génie vaste, rétablit la France dans l'attitude politique qui lui convenait. et sut mettre un terme à ses troubles intérieurs. Il sentit que le luthérianisme, qui n'avait obtenu dans ce royaume que le vœu de la minorité, y devenait un objet de politique, un point de ralliement pour les mécontens, et qu'il était nécessaire de le contenir dans de justes limites.

Tandis que Richelieu comprime ainsi les réformés de France, il les rallie en Allemagne, et les anime contre la maison d'Autriche. Il ébranle le nord, appelle le héros de la Suède des rives de la mer Glaciale, et oppose ainsi un colosse redoutable à Ferdinand II, à l'instant où prêt à subjuguer l'Empire, il allait anéantir la réformation sans retour. Gustave la fait triompher par d'éclatantes victoires; s'il trouve le terme de sa vie dans les plaines de Lutzen, sa mort n'arrête pas les progrès de son armée; l'impulsion est donnée; et, après avoir dicté des lois à toute l'Allemagne, Ferdinand meurt de douleur à

la veillé d'être chassé lui-même de sa capitale.
Ce fut donc à Richelieu que cette contrée dut
sa liberté. Ce fut à son génie que les protestans dûrent leur conservation ; et ce fut encore par une suite de sa profonde politique
qu'on vit, six ans après sa mort, l'équilibre de
l'Europe fixé ; la liberté de l'Allemagne as-
surée par le traité de Westphalie , et la réformation assise sur des bases inébranlables.
Sans Richelieu, sans la ligue protestante, la
maison d'Autriche subjuguait l'Empire, et sa
puissance, devenue collossale, asservirait aujourd'hui l'Europe entière.

Nous avons déjà observé combien le protestantisme avait contribué à détruire l'influence du clergé sur la puissance temporelle
des princes. Si nous avons vu encore depuis
cette époque Sixte Quint déclarer Henri IV
déchu de son droit à la couronne, et donner
par une bulle l'Angleterre à Philippe II, ce
fut le dernier essai que la cour de Rome fit
de sa puissance. Les égards continuels que ce
même pontife eut depuis pour Élisabeth ,
dont il devint l'admirateur et l'ami, le refus constant qu'il fit à la cour d'Espagne
de l'aider de ses armes pour faire la guerre à
Henri IV, prouvent que les papes sentaient

déjà qu'ils avaient perdu l'influence qui les avait rendus si redoutables.

Aux états généraux de 1614, le tiers-état, encore profondément affecté du meurtre de Henri IV, et des principes ultramontains émis dans quelques ouvrages du temps, demanda qu'on posât pour loi fondamentale de l'état : « *Qu'aucune puissance spirituelle* « *ne peut priver les rois de leurs droits sa-* « *crés, et que c'est un crime de lèse-majesté* « *au premier chef, d'enseigner qu'on peut* « *les tuer.* » On vit le clergé, à cette époque, s'opposer à cette demande, et soutenir que la puissance des papes était pleine, plénissime, directe au spirituel et indirecte au temporel ; qu'il avait charge de déclarer qu'on excommunierait ceux qui avanceraient qu'on ne peut déposer les rois. Cela prouve clairement qu'alors c'était la puissance qui manquait aux papes, sur-tout celle de l'opinion (qu'ils avaient perdue), mais non pas la volonté.

L'intolérance, cette peste des états politiques, après avoir répandu sa contagion dans les pays catholiques, sembla aussi quelques instans établir son empire dans ceux qui avaient embrassé la réformation avec le plus de zèle. Les nouveaux sectateurs, qui avaient éprouvé eux-mêmes ses funestes effets, n'en demeurèrent pas plus tolérans envers leurs frères. Les persécutions, les proscriptions, les échafauds, qui, comme nous l'avons déjà observé, avaient porté la désolation en Hollande, portèrent aussi leurs ravages en Angleterre, et obligèrent une multitude de citoyens de tourner leurs regards vers le nouvel hémisphère, où était déjà passé un grand nombre de réfugiés français, allant chercher dans cette terre hospitalière le calme et la liberté. Ce furent ces émigrations causées par les suites de la réformation, qui peuplèrent la plupart des colonies européennes du nouveau monde, et préparèrent l'état de splendeur de cette république florissante, aujourd'hui le refuge des citoyens persécutés dans leur patrie.

On vit un instant, sous le règne de Louis XIV, le clergé de France à la veille de se séparer de Rome, à l'occasion du droit de régale et de la célèbre assemblée qu'il tint à cette occasion. Malgré les sacrifices que ce corps fit à la paix dans cette circonstance, le despotisme ultramontain, auquel la faiblesse du roi sur cette matière fournit encore

un aliment, se réveilla tout à coup, et re-
fusa d'admettre les sages propositions du
clergé.

Colbert avait favorisé les protestans, il
s'en était servi pour ranimer l'industrie de la
nation : comme Louis XIV n'en employait
que fort peu dans les administrations, dans les
armées, dans les charges judiciaires, et même
dans les corporations des maîtrises, ces hommes industrieux se livrèrent aux spéculations
commerciales, et établirent un grand nombre de manufactures. Ces occupations utiles
pour la prospérité de l'état détournèrent leur
attention des disputes de controverse, et leur
firent supporter avec plus de patience les at-
teintes multipliées que le gouvernement ne
cessait de donner à l'édit de Nantes. Mais la
mort de Colbert leur porta le dernier coup.
Louis XIV, excédé par les perfides insinua-
tions de Letellier, ainsi que par les impor-
tunes remontrances du clergé, qui lui pei-
gnait comme de mauvais citoyens des hommes qui refusaient de payer à l'évêque de
Rome le droit d'épouser leur alliée, et qui
ne croyaient pas que des indulgences acquises à prix d'argent eussent le pouvoir d'ex-
pier les plus grands crimes : Louis XIV, dis-

je, commença par interdire aux réformés
tout exercice de leur culte. Plusieurs de leurs
ministres périrent par le supplice ignomi-
nieux des assassins, pour ne s'être pas sou-
mis à cette loi tyrannique. Les protestans,
ainsi poussés au désespoir, voulurent aban-
donner leur patrie ; mais le gouvernement s'y
étant opposé par la force, en même temps
qu'il redoublait ses vexations, ce fut alors que
plusieurs d'entre eux prirent les armes pour
défendre leur vie et leur religion. C'était là
que le despotisme les attendait, pour porter
la tyrannie à son comble : on arracha les
enfans du sein maternel, on envoya des dé-
tachemens de dragons répandre l'horreur et
la désolation chez toutes les personnes suspec-
tées d'hérésie. Plusieurs d'entre elles demeurèrent même victimes des mauvais traitemens
que leur fit éprouver une soldatesque effré-
née, excitée encore par des prêtres fanatiques.

On ne peut révoquer en doute que les protestans n'usèrent de représailles contre les catholiques, qu'après avoir enduré patiemment
pendant plusieurs années tout ce que la féro-
cité et la barbarie purent imaginer de plus
intolérable. « S'ils agirent en bêtes féroces,

5

« dit Voltaire, *c'est qu'on leur avait en-*
« *levé leurs petits, et qu'alors ils déchirè-*
« *rent les chasseurs qui les poursuivaient.* »
A Orange, on avait envoyé aux galères une
multitude de personnes surprises chantant les
louanges de l'être suprême dans la langue
nationale ; plusieurs autres avaient été mas-
sacrés sous le même prétexte dans le diocèse
d'Uzès. De ce nombre étaient des femmes en-
ceintes, dont plusieurs furent éventrées par
les féroces satellites du fanatisme, cherchant
à atteindre de leur fer meurtrier jusqu'à l'innocente créature qu'elles portaient dans leur
sein. C'est une pénible tâche sans doute pour
l'historien, ami de l'humanité, de rappeler
de semblables horreurs ; mais son ministère sacré lui fait un devoir de les peindre avec les couleurs qui leur conviennent,
afin d'éclairer la postérité sur les causes qui
les ont produites ; et il doit s'estimer heureux, lorsqu'il a pu contribuer à en prévenir
le retour.

Il n'est donc pas étonnant qu'à la suite de
tant d'atrocités les protestans ne se soient
aussi souillés de quelques excès ; mais les catholiques ne demeurèrent point en reste, et
cette époque désastreuse de notre histoire coûta

la vie à quarante mille réformés, qui périrent par le fer et par le feu. Excédés de tant
d'horreurs, un demi-million d'entre eux trouva le moyen de s'échapper de cette terre de
destruction, malgré les redoutables barrières
dont la tyrannie l'avait entourée. Nous avons
vu, sous le règne de Louis XV, un instant
où, à la honte du dix - huitième siècle, ces
persécutions furent à la veille de recom-
mencer : à la même époque, plusieurs protestans de Cévennes furent envoyés aux galères.

Ce fut ainsi que la gloire du siècle de
Louis XIV, ces utiles établissemens, créés
par les soins infatigables de l'immortel Colbert, auxquels la réformation avait été favorable, demeurèrent anéantis. Ces manufactures enviées de toutes les nations, qui avaient
contribué pendant un demi-siècle à la splendeur de la France, furent détruites par le
fanatisme, qui, sur la fin de ce règne mémorable, déploya toutes ses fureurs dans cette
contrée. Des hommes recommandables par
leurs vertus et leurs lumières ; des hommes
dont l'industrie avait jeté les bases de la
prospérité nationale, se virent contraints par
la plus odieuse et la plus inepte des persécu-

tions de porter chez nos voisins, non seulement des capitaux immenses, mais encore
nos arts, nos inventions, les procédés de nos
manufactures, objets cent fois plus précieux
que nos métaux.

Ce fut donc par une suite de la révocation
de l'édit de Nantes, de cet édit célèbre qui
avait amené en France l'industrie et la prospérité, que cette même industrie et cette même
prospérité s'éclipsèrent; ce fut ainsi que tous
les états de l'Europe s'enrichirent des dépouilles de la nation française; que le nord de l'Allemagne, dénué jusqu'alors d'industrie, attira
par toutes sortes de bons procédés des hommes précieux par leurs talens, leur activité, et
intéressans par leurs malheurs. C'était à qui
aurait le bonheur de les posséder et de leur
faire agréer l'hospitalité : à Amsterdam, tout
un quartier fut construit pour les recevoir.
On vit le roi de Danemarck, l'électeur de
Brandebourg, ainsi que cette autre puissance,
moins rivale qu'ennemie de la France, tendre à l'envie une main protectrice à un peuple entier, fuyant son ingrate patrie pour se
soustraire au fer des soldats, ou à celui des
bourreaux.

Par cette conduite cruelle et impolitique de

Louis XIV, nos arts transplantés chez nos voisins y sont devenus indigènes : nos fabriques dont les productions sont destinées à préserver l'homme des injures de l'air, ainsi que celles propres à satisfaire son luxe et sa mollesse, furent porter chez nos ennemis la vie et la prospérité. Les déserts du Brandebourg, les marais de la Hollande furent peuplés et fertilisés par des Français, et leurs armées recrutées par nos émigrans. Cette faute amena les malheurs qui accablèrent la fin du règne de ce prince. C'est de cette désastreuse époque pour la France que datent la situation florissante des états protestans d'Allemagne, la richesse de la Hollande, la puissance gigantesque de l'Angleterre, l'accroissement de la population et de l'industrie de ses anciennes colonies du nord de l'Amérique.

La plaie que le fanatisme a faite à la France à cette malheureuse époque est encore sanglante : les villes se rebâtissent, les champs incultes se fertilisent; mais l'industrie et les talens ne se reproduisent que rarement et difficilement. L'instant est enfin arrivé où les enfans des réfugiés, qui n'ont cessé comme leurs pères, d'avoir les yeux fixés vers la France, parce que les Français ne peuvent oublier leur patrie, profitant de la liberté civile et religieuse qui leur est offerte, vont s'empresser d'y rentrer.

L'équilibre établi en Europe, et sur-tout en Allemagne par le traité de Westphalie, a perfectionné le systême politique des nations ; et le traité de Lunéville va établir un nouveau systême mieux coordonné dans toutes ses parties. Par ce traité, les possessions de chaque état se trouvent moins disséminées, par conséquent moins susceptibles de faire naître des divisions entre les princes, et la puissance temporelle du clergé, à fort peu d'exceptions près, entièrement détruite (23). Espérons que les peuples trouveront, dans ce nouvel ordre de choses, quelque adoucissement aux calamités qui les affligent depuis si long-temps, et que l'accord de plusieurs grandes puissances, qui paraît être le résultat de ce traité, éloignera d'eux les malheurs de la guerre.

Si la réformation a été favorable au commerce et à l'industrie des peuples qui l'avaient adoptée, il est incontestable qu'elle ne le fut pas moins à leur agriculture et à leur population. Les états protestans d'Allemagne, la Hollande, l'Angleterre même, sont beaucoup plus peuplés qu'ils ne l'étaient avant cette époque. Le célibat des prêtres, la multiplicité des fêtes qui paralysent une partie de l'année les bras des cultivateurs, et que le nouveau concordat a heureusement banni en France; le grand nombre de moines et de religieuses qui passent leur vie dans l'oisiveté et la solitude, sont des causes évidentes de stérilité et de dépopulation. Aussi ces fléaux ont-ils augmenté, en Espagne, ceux qu'avaient déjà fait naître l'expulsion des Maures et la découverte de l'Amérique; il en est de même en Italie et en Portugal. Si ces fléaux n'ont pas été aussi sensibles en France, c'est que, proportionnellement à la population, le nombre des moines n'y a jamais été aussi considérable; et que, grace à l'industrie et à l'activité de la nation ces causes n'y ont pas eu autant d'influence. L'abolition des moines dans un grand nombre d'états, et leur diminution dans les autres, ont porté un coup funeste à la superstition. Les dominicains et les franciscains sur-tout, comme les augures chez les Romains, contribuaient à maintenir le fanatisme parmi la classe du peuple. C'était le seul moyen qu'ils pussent employer avec succès pour augmenter leurs faibles revenus : aussi leur institution avait-elle été d'une grande ressource aux papes pour affermir et étendre leur autorité.

Nous avons vu Rome avant la réformation, tour à tour audacieuse avec les rois et astucieuse avec les peuples. Nous avons vu tour à tour les princes forcés de plier sous le joug intolérable de l'évêque de Rome, ou porter le fer et le feu au sein de ses états, et cependant, finir toujours par se soumettre à une domination à laquelle l'opinion avait donné une force irrésistible. Luther parut, sa doctrine favorable aux droits des souverains, plus favorable encore à leur cupidité, en mettant dans leurs mains les riches dépouilles du clergé, devait faire parmi eux beaucoup de prosélytes. La moitié de l'Europe l'adopta; alors les papes ne tardèrent pas à changer de conduite. Leur génie sut se plier aux circonstances, aussi souple qu'il avait été audacieux; si on les vit porter encore quelquefois le trouble dans les états, on vit aussi toujours leur autorité décroître en prenant ce dernier parti. Enfin, ces querelles scandaleuses entre les pontifes et les rois, qui avaient ensanglanté l'Europe pendant tant de siècles, cessèrent. La cour de Rome, qui, jusqu'alors avait épuisé tous les moyens que l'esprit humain peut inventer pour élever sa puissance temporelle, commença à craindre que tous les princes ne parvinssent à se soustraire à sa domination ; dès lors elle apprit à les ménager davantage ; elle sut faire à propos des sacrifices. Ce ne fut donc que depuis cette mémorable époque, que sous ce rapport on jouit en Europe de quelque tranquillité, et que les guerres devinrent moins atroces, depuis que leur prétexte n'eut plus rien de sacré.

Le règne de Joseph II, pendant lequel nous vîmes le pontife de Rome aller à Vienne implorer la bienveillance de l'empereur, ainsi que la révolution de France, ont détruit sans retour l'influence sacerdotale sur les objets civils et politiques. On peut regarder la réformation comme l'une des causes qui a le plus contribué à cette mémorable révolution, qui a terminé le siècle dernier, et mis fin à une monarchie qui, depuis quatorze siècles avait une si grande prépondérance sur tous les états de l'Europe. On ne peut disconvenir que les réformés n'aient contribué de tous leurs efforts à la destruction de ce colosse antique dont ils avaient tant à se plaindre, et qui, sans bases fixes, était cependant l'édifice politique le plus ancien de l'Europe.

IIIᵉ PARTIE.

De l'Influence de la Réformation sur le progrès des lumières.

Le christianisme avait été insuffisant pour civiliser les hommes ; nous avons vu Clovis, ainsi que ses successeurs, déshonorer l'espèce humaine par leurs crimes. Depuis, l'instruction, les lumières, avaient progressivement rendu les princes moins féroces et les peuples moins barbares.

La réformation est venue tout à coup, et la face politique de l'Europe a changé ; si elle a influé sur les mœurs, elle n'a pas moins influé sur les lumières, et contribué à accélérer leurs développemens. L'on sera convaincu de cette vérité, si l'on considère combien, depuis Charlemagne jusqu'à cette époque, leurs progrès avaient été lents. Ce prince, il est vrai, commença à tirer la nation de la barbarie et de la profonde ignorance où elle était plongée ; il eut de légères notions sur le commerce, il établit quelques manufactures d'objets grossiers, mais utiles; il fit venir d'Italie des maîtres de grammaire et d'arithmétique. Mais ces lueurs ne dissipèrent pas les épaisses ténèbres qui (l'Italie exceptée) enveloppèrent encore long-temps toute l'Europe. En Allemagne, dans le treizième siècle, la science de l'écriture et même de la lecture étaient si rares, qu'un criminel condamné à mort obtenait sa grace lorsqu'il savait lire. Les épreuves de l'eau et du feu, ces usages barbares, monumens affligeans de l'ignorance de nos pères, existaient encore dans ce même siècle. Il n'est donc pas surprenant qu'à cette époque les moines et les prêtres, les seuls hommes instruits, aient obtenu tant d'empire sur les peuples.

La noblesse d'Angleterre, de France et d'Allemagne, aussi ignorante qu'elle était grossière, ne connaissait d'autre occupation, même dans le quinzième siècle, que celle de battre ses vassaux et de s'enivrer. On vit à cette époque un certain Jean, duc de Bourbonais, faire proclamer par des hérauts, *qu'il ira en Angleterre avec seize chevaliers armés de toutes pièces, pour combattre à outrance, afin d'éviter l'oisiveté et*

*mériter ainsi les bonnes graces de sa très-
belle.* Rien ne prouve mieux qu'alors, dans
plusieurs contrées de l'Europe, tuer des hommes était le plus agréable passe-temps, et la
plus fine galanterie des gens du bel air. Cependant, à peu près à cette époque, on admirait en Italie Le Tasse, Raphael, Michel-
Ange, l'Arioste et Machiavel. La poésie, la
peinture, la sculpture et l'architecture y
étaient au plus haut degré de splendeur.
L'imprimerie, la gravure, ces arts utiles à la
propagation des lumières, étaient inventés;
mais les beaux-arts, circonscrits dans cette
riante contrée, n'avaient pas encore passé
les Alpes. Les premiers livres qui parurent
en France, y furent regardés comme des productions diaboliques, et saisis par arrêt du parlement. Louis XI fut obligé d'interposer son
autorité pour empêcher ce corps, ainsi que
l'université de Paris, de poursuivre comme
sorciers les premiers imprimeurs qui nous ar-
rivèrent d'Allemagne. On vit encore depuis,
le premier de ces corps s'opposer à la réforme
du calendrier, proscrire l'émétique, ainsi
que toute doctrine contraire à celle d'Aris-
tote.

Cependant il faut rendre justice aux bénédictins : tandis que la noblesse, la robe et le haut clergé étaient plongés dans l'ignorance, ces religieux recueillaient les monumens de l'histoire, multipliaient les manuscrits. Ce fut ainsi qu'ils conservèrent sous leur sauvegarde, dans les temps de troubles et d'anarchie, le précieux dépôt des sciences et des lettres. Mais alors peu d'hommes étaient curieux de s'instruire, et les moines, eux-mêmes, peu empressés de répandre la lumière, qu'ils tenaient, suivant leur expression, sous le boisseau. Ce ne fut qu'au temps de la réformation que le génie des lettres s'éveilla tout à coup chez les différens peuples, et que les moines, pour se rendre utiles, s'adonnèrent avec plus d'ardeur et de zèle à propager l'instruction. Avant la réformation, les esprits étaient demeurés sans culture : jusque là, une érudition sèche, des discussions théologiques, des disputes oiseuses étaient les seuls objets sur lesquels se fixaient le génie et le savoir. Mais les ouvrages de Luther, écrits avec énergie et clarté, ayant parcouru l'Allemagne, la France et tout le nord de l'Europe, on y lut avec avidité des productions dans lesquelles, les vices, les abus du clergé et des moines étaient retracés avec énergie, et où la logique, la clarté, le raisonnement étaient substitués à l'obscurité et à l'incohérente divagation qui avaient caractérisé jusque là tous les ouvrages théologiques.

Les lumières circonscrites parmi un petit nombre de prêtres et de légistes étaient restées stagnantes pendant des siècles. Les querelles nées de quelques légères nuances dans le dogme, discutées presque toujours en latin d'une manière rebutante, n'avaient fait aucune sensation dans le peuple. Mais lorsque Luther parut ; d'un côté, le desir de faire des sectateurs, de l'autre, celui de conserver les siens et tous les avantages qui en pouvaient résulter, donnèrent plus d'énergie aux uns et aux autres. Entraînés par la chaleur de la dispute, animés par l'intérêt qui les excitait, les deux partis mirent insensiblement plus de grace et de savoir dans leurs discours et dans leurs écrits. Ils étudièrent avec plus de soin jusqu'où pouvaient aller le charme et la clarté du style. Alors il se fit une révolution dans la littérature ; l'éloquence naquit : l'église eut ses Bossuet, ses Fénélon, ses Fléchier et ses Pascal. En sorte que toutes les calamités résultées des guerres de religion qui désolèrent l'Europe pendant tant de siècles, ainsi que

tout le sang répandu pour cette cause, furent
(s'il est possible) en quelque sorte compensés
par le degré éminent où les lumières et la
raison furent portées à cette époque. Il en est
résulté que depuis long-temps les disputes
théologiques, les excommunications, les
schismes qui avaient amené les discordes les
plus sanglantes, se terminent par des guerres
de plume, et n'attirent plus qu'une légère attention. Aussi remarquons-nous que ceux
qui, autrefois, avaient un si grand intérêt à
les reproduire, sentent eux-mêmes qu'il est
temps de s'arrêter, et que ce moyen, loin de
leur donner de l'importance, pourrait les perdre tout à fait.

La multitude d'écrits lumineux, remplis
d'idées neuves et justes qui parurent à cette
époque, réduisirent à leur juste valeur les
prétentions des papes et du clergé sur la puissance temporelle, et mirent un terme à l'i-
gnorance dans laquelle on avait toujours
cherché à entretenir les peuples sur ces matières. (24)

Les progrès des arts et des manufactures,
ceux du luxe, qui, par suite de l'accroissement des lumières, firent alors un grand pas,
contribuèrent encore à affaiblir la puissance

du clergé. Ce nouvel ordre de choses ayant multiplié ses jouissances et ses besoins, sa bienfaisance diminua insensiblement. Dès-lors le peuple, ne trouvant plus en lui la même ressource contre l'indigence, ni la même consolation dans son adversité, n'eut plus pour lui le même respect ni la même considération.

D'un autre côté, la réformation ayant influé favorablement sur les sciences et sur les lettres, elle devint, sous ce rapport, utile à l'humanité ; car qui peut douter que les sciences et les lettres n'aient adouci les mœurs des nations ? mais il n'en fut pas ainsi des arts du dessin. Le rite protestant, dénué de la pompe du culte catholique, l'est aussi des ornemens et des images qui décorent leurs temples ; alors il en a dû suivre un état de choses contraire à ces mêmes arts. Cette dégénération des beaux arts dans les pays protestans est tellement sensible, que nous avons vu, de nos jours, les cours de Berlin, de Stockholm et de Copenhague, appeler des artistes français pour exécuter les différens monumens qu'elles avaient dessein d'ériger à la gloire de leurs grands hommes.

Il en arriva autrement en Italie ; Léon X

6

aimait les arts par goût, il en avait recueilli
les débris échappés à la torche et au glaive
des farouches successeurs de Mahomet. Sixte
Quint avait suivi la même marche; mais ses
vues avaient été différentes; son unique but
était de regagner, à la faveur de la ma-
gnificence et des arts, l'importance qu'il perdait tous les jours du côté du pouvoir. Le
temps n'était plus où les papes faisaient trem-
bler les souverains et asservissaient les peuples; ils voulurent donc mettre en usage le
dernier moyen qui leur restait, celui d'attirer par des chefs-d'œuvres l'admiration des
hommes. Sixte Quint, pour parvenir à ce
but, forma la superbe bibliothèque du Vati-
can, creusa des canaux, multiplia dans Rome
les eaux jaillissantes, rétablit les obélisques,
et enfin éleva cette coupole célèbre, ce chef-
d'œuvre de Bramante et de Michel-Ange,
qui rivalise avec tout ce que l'antiquité a produit de plus beau. Le pape Grégoire XIII eut
la gloire de réformer le calendrier : ce service
rendu aux sciences à une époque où la cour
de Rome avait perdu son influence, eut plus
de peine à être adopté que toutes les erreurs
qu'elle nous avait présentées si long-temps.
Cela prouve combien la vérité rencontre de

difficulté pour se faire jour à travers les mensonges enracinés par l'habitude. Les protestans, il faut l'avouer, en haine du saint siége, demeurèrent plus d'un siècle avant d'adopter cette réforme salutaire.

L'inquisition, fruit de la barbarie du treizième siècle, qui a fait tant de ravages, immolé tant de victimes, reçut un grand adoucissement à l'époque de la réformation; et ce n'est pas sans doute un de ses moindres bienfaits. C'est à ce tribunal odieux que les Espagnols, ce peuple vraiment courageux, ingénieux même, doivent attribuer la lenteur de leurs progrès. S'ils ont obtenu des succès dans plusieurs genres de littérature, si, chez eux, les Cervantes et les Lopez de Véga ont précédé les Corneille et les Molière, l'on ne peut se dissimuler que les sciences n'y soient restées stationnaires, et que l'on ne rencontre pas toujours dans les chefs-d'œuvres de leur littérature ces idées sublimes, énergiques, qui semblent agrandir l'esprit humain. On ne peut attribuer ce défaut qu'à la superstition qui a gâté les meilleures productions et les meilleures institutions de ce beau pays. L'on cessera d'être étonné de voir les combats de taureaux, depuis si long-temps le spectacle favori de la nation , lorsqu'on réfléchira qu'il est le seul qui ait l'approbation des directeurs de conscience. Aussi , tandis que les peuples septentrionaux, les Anglais, les Hollandais, faisaient de rapides progrès dans les sciences et la navigation , les Espagnols , abrutis par l'inquisition , n'avaient qu'une légère idée du commerce et des manufactures ; et l'or du nouveau monde qui affluait dans leurs mains y passait avec la rapidité de l'éclair, pour aller alimenter les arts et l'industrie de leurs voisins. L'expulsion des Maures , fruit amer de la superstition , porta le dernier coup à la splendeur de l'Espagne , qui s'appauvrit et se dépeupla, à une époque où tous les peuples qui avaient embrassé la réformation s'éclairèrent et s'enrichirent.

L'Angleterre ne s'éclaira que depuis la réformation. Le règne de Jacques Ier se ressentit des progrès qu'avaient faits les lumières pendant celui d'Elisabeth. Ce prince cultiva les lettres , mais il y mit trop de prétention, de pédantisme, et se mêla dans des disputes de controverse, qui compromirent la dignité dont il était revêtu. Cette conduite amena la catastrophe sanglante qui termina les jours de son fils et détrôna ses successeurs. La tranquillité ne fut rétablie en Angleterre qu'à l'époque où Cromwel fut revêtu de la suprême puissance. Cette puissance ne passa pas à ses descendans , parce que son fils Richard, plus philosophe qu'ambitieux, préférant la médiocrité à l'élévation, céda un trône qu'il eût pu disputer. Depuis cette époque, l'Angleterre ne vit plus éclore dans son sein de ces grands événemens qui ne sont presque toujours que de grandes calamités. Le changement de dynastie qui eut lieu peu après, et auquel l'Angleterre doit sa tranquillité, s'opéra sans secousse et assura sa constitution. Le protestantisme, déjà solidement établi, y devint paisible et plus tolérant, et cette tolérance fut la suite immédiate de l'accroissement des lumières. La société royale de Londres , l'un des premiers corps savans institués en Europe, acheva d'adoucir les mœurs de la nation, en même temps qu'elle éclaira les esprits. Les sciences exactes y firent de rapides progrès, et l'immortel Newton y fit briller le flambeau de la philosophie, tandis que la mémoire de Descartes était persécutée en France, et que les ridicules disputes du quiétisme et du jansénisme remplissaient ce royaume de cachots et de bastilles. (25)

La réformation a donné une secousse favorable à l'agrandissement des connaissances humaines dans toutes les contrées où elle a été portée. En Allemagne, les Kepler, les Copernic et les Ticho-Brahé, firent époque, et leurs découvertes amenèrent des résultats satisfaisans pour le perfectionnement des sciences, lesquels eussent été étouffés par la superstition quelques années auparavant. Des universités célèbres s'établirent dans les états protestans : on y a toujours distingué celles de Gottingue, de Jenna, de Leipsick et de Halle. Dans le nord de l'Allemagne, des hommes d'un rare savoir dans tous les genres déployèrent de grandes connaissances. En Hollande, des sociétés savantes établies à Leyde, à Utrecht, à Harlem, propagèrent les lumières par leurs utiles écrits dans toutes les contrées du monde, dont le fanatisme et l'inquisition ne leur fermèrent pas l'entrée.

Ce ne fut qu'au commencement du dix-septième siècle, à la fin du règne du bon Henri, que des idées justes de finances, de commerce, et l'établissement de quelques manufactures dues au zèle et aux lumières de Sully, l'un des plus fermes appuis de la réformation, vinrent en France jeter les premières bases de la puissance et de la splendeur de cette grande nation. Déjà cependant les états protestans qui l'avoisinent, l'Angleterre et la Hollande, avaient un commerce maritime fort étendu, comptaient au nombre de leurs possessions de riches et nombreuses colonies dans les deux Indes, couvraient la mer de leurs navires ; tandis que le pavillon français était presque inconnu hors des parages de l'Europe. Si, comme nous l'avons déjà observé, le parlement mit quelquefois des entraves au progrès des lumières, à une époque où leur crépuscule commençait à poindre, nous devons à ce corps respectable l'avantage d'avoir combattu et anéanti à plusieurs époques les prétentions ultramontaines, qui ne tendaient à rien moins qu'à subjuguer la nation.

L'académie française, instituée par Richelieu, n'aurait pu s'établir en France, lorsque les préjugés et la superstition planaient sur toute l'Europe. C'est encore aux suites de la réformation que nous devons l'institution de l'académie des sciences, si célèbre dans le monde savant, ainsi que celle des autres corporations qui ont illustré la nation, et préservé la fin du règne de Louis XIV de l'avilissement dans lequel la France a été à la veille d'être plongée. Ces corps savans, réunis aujourd'hui en un seul faisceau, présentent à l'ignorance et au fanatisme des barrières insurmontables, et garantiront à nos neveux la plus belle portion de leur héritage, les lumières et la raison.

L'instant est enfin arrivé, où nous ne verrons plus les grands hommes, dont les talens sont précieux à l'humanité, persécutés par la superstition comme Copernic et Galilée, ou égorgés par le fanatisme comme Dolet et Ramus; nous pouvons regarder les proscriptions des Rousseau et des Raynal, comme les derniers scandales que nous donneront la sottise et la bigoterie. A Dieu ne plaise cependant que nous applaudissions à ces écrivains éhontés, qui, prenant le manteau de la philosophie et le masque de la liberté, ne s'occupent qu'à démoraliser la jeunesse, et qui, fauteurs de troubles et d'anarchie, sont ennemis nés de tous les gouvernemens, comme ils le sont de toutes les institutions morales! Ces hommes pervers ne seront plus dangereux que pour les peuples encore plongés dans l'ignorance : les démasquer, mettre en évidence leur hideuse nudité, suffira au gouvernement

sage d'un peuple éclairé pour les faire rentrer dans la poussière du néant.

CONCLUSION.

La réformation a produit des maux, sans
doute ; des guerres sanglantes ont désolé l'Europe pendant un siècle ; plusieurs princes ont
adopté cette religion, pour faire d'une union
sainte un abus scandaleux : mais Henri VIII
qui a mérité ce reproche était-il protestant ?
n'était-il pas chef d'une secte particulière ?
Quel est le bien qui peut s'opérer en politique, sans qu'il en résulte des inconvéniens ?
Parce que la destruction de la servitude dans
toute l'Europe n'a pu s'effectuer qu'après dix
siècles de calamités de toute espèce, fallait-il
condamner les dix-neuf vingtièmes des peuples de l'Europe à une misère et à une abjec-
tion éternelles ? Il faut déplorer sans doute
les troubles que la réformation a causés, mais
jouir de la multitude des biens qu'elle a opérés
en morale comme en politique. L'on ne peut
disconvenir que la somme des biens l'a em-
porté de beaucoup sur celle des maux. Ses
heureux résultats se font encore sentir aujourd'hui plus vivement que jamais.

Le nouvel ordre de choses établi en Allemagne par le traité de Lunéville, change absolument la face politique de l'Europe. Ce que Richelieu et Louis XIV avaient tenté vainement pendant un siècle, vient d'avoir son entière exécution (26). L'ambition de la maison d'Autriche est circonscrite dans des bornes qu'il ne lui sera pas facile de franchir. Le traité de Westphalie, devenu insuffisant, vient de recevoir son complément par celui de Lunéville; et ce nouveau systême, chef-d'œuvre de politique, n'aurait pu avoir son accomplissement, si la réformation n'en eût préparé les voies en faisant embrasser son culte à plusieurs puissans états. Par suite de la destruction de deux électorats ecclésiastiques, le sceptre impérial pourra échapper aux héritiers de la maison d'Habsbourg. Les possessions de l'Autriche qui bordaient le Rhin, arrachées à cette puissance, l'état précaire de la Bavière, de cette barrière naturelle entre François II et la nation française consolidée, et l'union de cette dernière avec la Prusse, doivent amener sur le continent une paix durable.

Le concordat conclu entre le premier consul de la république française et le pontife

de Rome, est sans contredit le dernier coup
porté à l'ambition des papes. Il établit véri-
tablement la ligne de démarcation entre la
puissance religieuse et la puissance temporelle.
Tous les souverains de l'Europe ne tarderont
pas à l'adopter. Si quelques-uns cependant, à
la honte de leur siècle, manifestaient encore
des opinions superstitieuses et indignes du
rang où la fortune les a placés, ces écarts mo-
mentanés de la raison trouveraient peu de
partisans et encore moins d'imitateurs; et l'é-
vêque de Rome, quelque chose qu'on fasse, ne
sera plus que le chef de l'église catholique.
Au reste, ce pontife vénérable n'avait pas à
balancer, la conduite qu'il a tenue, le concordat qu'il a signé, seront également approuvés par tous les amis de la paix et de la
véritable religion.

Le dix-neuvième siècle fera époque dans
l'histoire. Le temps est arrivé où l'on ne
verra plus dans aucun pays le contraste cho-
quant du luxe effréné des prélats avec la respectable et affligeante indigence des pasteurs,
lesquels, entourés du spectacle déchirant de la
misère, gémissent de ne la pouvoir soulager,
quoiqu'en s'imposant des privations que la
modicité de leur traitement rend presque

nulles. On se rappellera ce que dit saint Paul, que la disette d'une église doit être soulagée par l'abondance d'une autre. Il existera, entre les ministres de tous les cultes, une égalité, une aisance modeste, qui, en les mettant à l'abri du besoin, ne tiendra pas leur cœur éloigné de celui du pauvre, et néanmoins pourra leur permettre d'être quelquefois utiles à leurs frères.

Les pratiques superstitieuses qui déshonoraient le christianisme, et transformaient, en quelques pays, ses ministres en jongleurs, vont être anéanties. On ne verra plus, comme dans les siècles précédens, les ecclésiastiques, sur-tout les prélats, scandaliser les peuples par leur injustice, leur rapacité, et leurs mœurs licencieuses (27). On ne verra plus, comme par le passé, dans les répartitions nécessaires au petit tribut qu'il leur plaisait de temps à autre d'accorder à l'état, surcharger les malheureux curés de tout le poids de l'impôt, pour s'alléger eux-mêmes. Les prélats vont nous rappeler le temps de ferveur de la primitive église, dans lequel les ecclésiastiques pauvres et vertueux ne se contentaient pas d'exhorter leurs ouailles à faire le bien, mais leur prêchaient d'exemple. Ces jours de scandale seront effacés de la mémoire des hommes, et ces heureux changemens sont une suite de la réformation. Enfin, les ministres du culte catholique, tolérans comme le sont devenus ceux du culte protestant, éteindront entre eux tout souvenir de division ; et ces disputes oiseuses entre les jansénistes et les molinistes, les assermentés et les insermentés, qui ont si long-temps scandalisé la chretienté, seront entièrement anéanties. (28)

C'est ainsi que les ecclésiastiques obtiendront la véritable récompense de leurs vertus, l'appui des gouvernemens et le respect des peuples, qui respectent toujours ce qui est louable. C'est à la véritable philosophie, qu'on s'efforce vainement de calomnier, et qui ne s'est développée que depuis la réformation, que l'on doit cet esprit de tolérance religieuse qui vient de proclamer solennellement la liberté des cultes ; liberté qui va ramener en France une industrie nouvelle, une prospérité inaltérable, et réparer ainsi dans le dix-neuvième siècle les erreurs du dix-septième. Espérons même que cette desirable tolérance, qui commence à poindre sur les rives riantes de l'Ebre, s'introduira bientôt sur celles du Tibre, et à travers les brouillards de la Tamise. (29)

Lorsque l'on compare les prétentions exces-sives du clergé avant la réformation, avec la modération où les suites de cette réformation l'a amené de nos jcurs, l'on ne peut s'empêcher de gémir encore sur les malheurs que ces prétentions ont causés, ainsi que sur la dé-population de plusieurs contrées méridiona-les de l'Europe ; tandis que presque toutes celles du nord ont éprouvé une augmenta-tion de population sensible. Si l'on com-pare aussi le progrès des lumières, l'on est étonné du succès qu'ont obtenu dans ce genre plusieurs nations septentrionales, et les grands hommes qu'elles ont produits à la même épo-que, comparativement avec quelques-unes de celles du midi.

Ce serait vainement que les fanatiques crie-raient aujourd'hui à l'impiété et à l'irréli-gion, parce que les peuples ne prendront plus aucun intérêt à leurs frivoles disputes. Leurs coupables efforts pour ramener les dissentions et les ténèbres resteraient impuissans. La vé-ritable philosophie, la sagesse, l'amour de l'humanité, feront succéder à ces temps dé-sastreux des jours de paix et de bonheur; et la superstition, funeste aliment des haines et des vengeances, sera enfin détruite à jamais. Les hommes de toutes les sectes se prêteront un mutuel appui, les prêtres de tous les cultes marcheront concurremment au même but, celui d'épurer les mœurs et de rendre les hommes meilleurs (3o). C'est alors que la vraie philosophie et la vraie religion, rapprochées et confondues, ne paraîtront plus faire qu'une seule et même chose.

FIN.

NOTES.

(1) L'EMPEREUR CONSTANTIN donna , dit-on, la ville de Rome, ainsi que plusieurs provinces d'Italie, au pape Sylvestre. Pepin donna de même au saint siége l'exarchat de Ravenne, qui, à la vérité ne lui appartenait pas. Quant à la donation de Constantin, on peut la révoquer en doute, puisque les historiens n'en ont fait mention qu'un siècle ou deux après l'événement. Néanmoins il faut croire que cet empereur donna quelque chose à l'église, puisqu'il fut canonisé.

On connaît la réponse que fit l'ambassadeur de Venise, Geronimo Donato, au pape Jules II, qui lui demandait les titres de sa république sur la mer Adriatique. *Votre sainteté trouvera la concession de la mer Adriatique*, répondit l'ambassadeur, *au dos de l'original de la donation que Constantin a faite au pape Sylvestre, de la ville de Rome, et des autres terres de l'État Ecclésiastique.* Ce n'était pas sans danger que, dans les siècles d'ignorance, l'on osait réfuter cette donation reconnue apocryphe depuis long-temps, même par les savans d'Italie. A Rome, ceux qui osaient la nier étaient sévèrement punis. On assure même que plusieurs personnes furent condamnées au feu à Strasbourg , en 1478 , pour avoir combattu cette erreur.

(2) Charlemagne donna aussi, dit-on, aux papes, la Corse, la Sardaigne, la Ligurie , Parme, Mantoue, les duchés de Spolette et de Bénévent, la Sicile et Venise ; mais, comme la plus grande partie de ces états n'appartenaient pas à ce prince, la difficulté était d'en prendre

possession. Au reste, cette donation ne paraît pas plus certaine que celle de l'empereur Constantin.

Cependant, le zèle de Charlemagne pour la religion l'emporta un peu trop loin : il fit massacrer les prêtres des idoles des Saxons sur leurs autels ; 4,500 prisonniers de la même nation le furent aussi, pour n'avoir pas voulu se convertir.

Il institua, à Dortmund, un tribunal (la cour veimique) qui dénonçait, condamnait à mort ceux qui étaient accusés de n'avoir pas jeûné en carême ; lorsqu'ils étaient absens, on envoyait des satellites les tuer, et s'emparer de leurs troupeaux. (VOLT. *tom.* 17, *pag.* 53.)

D'après de pareilles erreurs d'un aussi grand prince, peut-on révoquer en doute combien l'ignorance et le fanatisme ont été fatals à l'humanité.

(3) Thomas Becket est le premier homme d'origine anglaise qui, depuis la conquête de Guillaume, soit parvenu aux hautes dignités ecclésiastiques. D'abord élevé à la place de chancelier du royaume, comblé des graces de son souverain, qui l'admettait dans son intimité, ainsi qu'à toutes les fêtes et festins de la cour (*a*) : Henri ne devait guère s'attendre aux chagrins qu'il se préparait en le nommant à l'archevêché de Cantorbéry, place qui, lui donnant la qualité de primat, le faisait la seconde personne de l'état. A peine parvenu au comble de la fortune, Becket, qui souvent s'était entretenu avec le roi de la nécessité d'arrêter les entreprises du clergé, et qui avait toujours paru disposé à souscrire à ses vues (*b*), changea tout à coup de conduite et de langage (*c*). D'a-

___

(*a*) Fitz Steph. p. 6. Hist. Quadr. p. 8.
(*b*) Epist. S. Thomas, p. 167.
(*c*) *Idem.* p. 23.

7

bord il se démit de sa place de chancelier, afin de se
soustraire entièrement à toute dépendance. Abjurant tout
à coup une vie toute mondaine, on vit Becket à pied et
sans suite ; lui, jusqu'alors si fastueux, marchant toujours
suivi d'un nombreux cortége et de somptueux équipa-
ges ; on le vit, lui, qui avait la table la mieux servie
de l'Europe, se réduire au pain et à l'eau, affecter
de porter le cilice, se déchirer les épaules à coups de
discipline. Cette conduite fanatique était bien faite, dans
ces temps d'ignorance, pour lui donner une grande considération aux yeux du peuple ; c'est ce qui arriva,
ainsi que l'occasion d'en abuser.

Les désordres des ecclésiastiques étaient parvenus au
point, qu'il fut vérifié d'après d'exactes recherches, que, depuis l'avénement du roi au trône, les clercs s'étaient rendus
coupables de plus de cent meurtres, lesquels étaient demeurés impunis à cause des immunités de l'église. Henri
desirant les faire cesser, et voulant livrer à la justice se-
culière un clerc qui avait assassiné un gentilhomme, après
avoir abusé de sa fille ; Becket s'empara du criminel
comme appartenant à la juridiction ecclésiastique, et le
mit dans une prison, afin de restreindre à une simple
dégradation le châtiment dû à son crime (a). Voulant
profiter de l'indignation que ce crime avait causée, pour
réprimer de pareils excès, Henri fit un réglement portant que tous les ecclésiastiques, convaincus de crimes
énormes, perdraient leurs droits aux immunités de l'é-
glise, et seraient livrés au magistrat civil comme les
autres citoyens.

Ce réglement, ainsi que celui qui statuait qu'à l'avenir
les énormes amendes que les prêtres faisaient payer aux
peuples pour la rémission de leurs péchés, amendes qui

(a) Epist. S. Thomas, pag. 208.

surpassaient de beaucoup les revenus de l'état, seraient
réglées en présence d'un officier civil (a), éprouvèrent de
la part de Becket la plus vigoureuse opposition ; comme s'il
avait trouvé mauvais qu'on voulût ôter au clergé la liberté
de commettre impunément toute sorte de crimes. Tel fut
le prélude et l'origine des violentes querelles qui eurent
lieu entre l'archevêque de Cantorbéry et Henri II.

Rien ne peut mieux peindre l'inflexibilité et l'injustice
des prétentions de ce prélat, que sa réponse au roi de
France, qui voulait le réconcilier avec son souverain ,
et l'exhortait à la modération.

L'autorité de l'église s'est accrue peu à peu ,
répliqua-t-il , *de même que celle des rois , et puisque
la providence l'a fait monter au point où elle est
parvenue , les évêques qui en sont les dépositaires
ne doivent pas imiter ceux de leurs prédécesseurs
qui ne l'ont pas soutenue avec assez de fermeté.
L'église s'est étendue même par le moyen de violentes oppressions qui semblaient devoir l'accabler;
nous devons maintenant lui conserver le terrain
qu'elle a gagné. Nos pères ont souffert toutes sortes d'afflictions , parce qu'ils ne voulaient pas re-
nier le nom de Jésus-Christ ; or, dois-je à présent
consentir à la moindre chose qui offusque sa gloire,
pour regagner les bonnes graces de quelque homme
que ce puisse être ?* Que d'entêtement et de fanatisme !

(4) A la prise d'assaut de la ville de Béziers , (pendant la guerre des Albigeois) les croisés demandaient à
quoi ils reconnaîtraient les catholiques d'avec les héré-

_____

(a) Fitz Steph. pag. 32.

tiques : Tuez-les tous , dit l'abbé de Cîteaux, Dieu reconnaîtra bien ceux qui sont à lui.

A Lavaur, quatre-vingts gentilshommes attachés au gibet , ayant fait rompre par leurs poids l'instrument de leur supplice , les croisés disputèrent aux bourreaux l'honneur de les égorger.

La dame de Lavaur fut jetée vivante dans un puits , qui fut aussitôt comblé de pierres. Quatre cents malheureux , entassés sur un bûcher autour de ce puits , périrent aussi, au bruit des hymnes sacrées que chantaient leurs bourreaux.

(5) C'étaient ces épreuves que, dans des siècles d'ignorance et de barbarie, on appelait les jugemens de Dieu. Il y avait sept principales épreuves, savoir : le serment, le duel, l'eau froide, l'eau chaude , le fer chaud, la communion, et le jugement de la croix.

On eut recours à ces jugemens sous la première, la seconde , et même bien avant sous la troisième race de nos rois. Judith , femme de Louis - le - Débonnaire, s'y soumit pour prouver son innocence. C'était là le moyen dont nos pères se servaient pour découvrir si un accusé était coupable ou non. Le plus commode de tous ces moyens était le serment; mais si le juge ne le déférait pas , il ordonnait le combat ; celui qui succombait , soit l'accusateur , soit l'accusé., subissait la peine qu'entraînait le délit. Ceux qui ne voulaient pas défendre leur cause eux-mêmes , remettaient leurs destinées entre les mains de champions habitués à ces sortes de combats. Le fer chaud qui servait aux épreuves était béni, et conservé précieusement dans quelques maisons religieuses; mais toutes n'avaient pas ce privilége. Pour les épreuves de l'eau, elles n'étaient que pour le peuple. Ces épreuves , ainsi que celles de la communion et de la croix, étaient pour les crimes.

Dans une dispute qui eut lieu en Espagne, pour savoir lequel devait être préféré de l'office romain ou de
l'office muzarabe, il fut ordonné d'abord qu'un combat
en déciderait; cependant, à la réflexion, on préféra livrer
aux flammes les deux livres de lithurgies, afin de voir
pour lequel des deux le ciel se prononcerait.

La superstition était telle dans ces siècles d'ignorance,
qu'en 1315, à la suite d'une calamité publique, il y eut
des processions, où les hommes accouraient nus de cinq
lieues, les femmes y assistaient nu-pieds; lorsque la calamité était moins forte, alors le zèle devenant moins
ardent, les hommes y assistaient avec leurs chemises.

(6) Ce ne fut que sous le règne de l'empereur Frédéric II, dans la diète d'Egra, que la noblesse allemande
fut forcée de renoncer à une infinité de droits atroces ou
avilissans pour l'espèce humaine.

(7) Le pape Boniface VII souilla ses mains des plus
affreux forfaits; il fit périr Benoît VI et Jean XIV.

Jean XII, accusé des crimes les plus révoltans, fut
assassiné lui-même par un mari qui le surprit dans les
bras de sa femme.

Le pape Urbain II, arme le fils de Henri IV, empereur, contre son père, comme Grégoire IV avait armé
les enfans de Louis-le-Débonnaire contre ce malheureux
prince. L'empereur Henri IV, errant et poursuivi, meurt
de misère à Liége, où le pape Pascal II pousse l'indignité
jusqu'au point de le faire exhumer. Ce prince avait eu
la faiblesse, pour fléchir la barbarie du pontife, de s'humilier devant lui, jusqu'à faire pénitence publique sous
ses fenêtres, revêtu d'un cilice et pieds nus; cette scène
atroce eut lieu à Canose, forteresse appartenant à la
comtesse Mathilde. Ce fut là qu'Henri passa trois jours

d'hiver dans une cour, exposé aux injures de l'air par un froid rigoureux.

On vit depuis, Laurent et Julien, fils de ce célèbre Côme de Médicis, qui avait acquis la puissance souveraine par ses vertus et ses bienfaits, assassinés aux pieds des autels, à l'instant de l'élévation de l'hostie, et cela à l'instigation du pape Sixte IV, qui avait envoyé exprès un cardinal à Florence, tramer ce noir forfait avec l'archevêque de cette ville.

(8) Il fut arrêté au concile de Trente, qu'un ecclésiastique ne pourrait posséder qu'un seul bénéfice à la fois, à moins qu'il n'eût une dispense du pape. Qu'arriva-t-il ? C'est qu'effectivement les curés, les petits bénéficiers, n'en purent réunir deux ; tandis que les prélats continuèrent d'en accumuler pour la valeur de plusieurs millions.

(9) Outre les six mille personnes assassinées par Torquemada, plus de quatre-vingt mille subirent différens genres de punition. Galilée, Constantin Ponce, et beaucoup d'autres hommes célèbres, furent long-temps enterrés dans des cachots, par l'odieux tribunal de l'inquisition.

(10) A cette malheureuse époque, les ecclésiastiques avaient si peu de mœurs, qu'on les jouait publiquement de la manière la plus indécente, sans qu'ils s'en offensassent. Dans une des pièces du temps, on voit un abbé troquer son bénéfice contre une maîtresse. Dans une pièce de Jodelle, un certain abbé Eugène marie sa maîtresse avec un nigaud, et cède sa propre sœur à son rival, afin de posséder sa maîtresse tout seul ; un autre vend sa cure pour payer ses dettes. (ce qui suppose au moins de la probité !)

(11) Les papes se moquaient, et de leur parole et des

représentations qu'on leur faisait relativement à la tenue d'un concile pour la réformation de l'église. Celui de Latran, tenu à Rome sous Jules II et Léon X, ne fut qu'une dérision qui affermit plus que jamais le despotisme des papes ; on y annulla même plusieurs articles de ceux de Pise et de Bâle. Prérias y soutint, en défendant la cause des papes, que, *quand le pape porterait le scandale au point d'entraîner les peuples en foule dans les enfers ; ni le concile universel, ni tout le monde ensemble, n'aurait le pouvoir de le juger ni de le déposer, supposé cependant qu'il eût été légitimement élu.*

—

(12) Tant que les pasteurs furent réduits à la pauvreté évangélique, et exposés à la persécution, ils furent laborieux et exemplaires ; mais, lorsque la persécution cessa, et qu'ils furent richement dotés, l'ambition les égara, ils renoncèrent au soin de leur troupeau, et s'engraissèrent même de sa substance. Ils confièrent l'exercice de leurs devoirs les plus sacrés à des ecclésiastiques inférieurs, qui souvent manquaient d'instruction, pour aller résider à la cour et se livrer au luxe et à la dissipation.

Alors leur hauteur, leur dureté, leur injustice envers ces inférieurs, scandalisèrent également toutes les classes de la société. Dans les répartitions d'usage pour l'acquittement du don gratuit, les petits bénéficiers, les malheureux curés, portaient tout le poids de l'impôt. On a vu même des prélats chargés de cette répartition, non seulement ne rien payer pour eux-mêmes, mais encore y trouver du profit. Enfin, dans une des assemblées du clergé, où l'on délibérait sur le sort des curés, ils n'eurent pas honte de fixer le maximum du traitement de ces hommes respectables à 700 livres, et le minimum à 350..

(13) Le contraste de la médiocrité des ministres pro-

téstans pères de famille , avec le luxe effréné des prélats célibataires du culte catholique ; celui de la pureté des mœurs des uns avec la dissolution .de celles des autres , devint si frappant , qu'il ne put échapper à l'homme le plus stupide. Les ministres protestans sont beaucoup plus rapprochés par leur institution de la simplicité évangélique : leur doctrine , ainsi que leur existence civile , offre dans l'ordre social de sûrs garans de leur fidélité aux lois de leur pays. Instituteurs de morale sans cesser d'être citoyens , ils sont jaloux de remplir les devoirs que cette double condition leur impose.

(14) On sait que le pape Alexandre fit don au roi Ferdinand et à la reine Isabelle , de toutes les terres découvertes et à découvrir à l'ouest et au sud de l'Europe ; qu'à différentes époques , lorsque le pape était mécontent d'un souverain , il donnait ses états à un autre , ce qui occasionna une multitude de guerres, d'autant plus meurtrières que le prétexte en était sacré.

Grégoire VII , (Hildebrand) moine audacieux , voulant élever la puissance temporelle des papes au-dessus de celle des rois, excommunie successivement et veut renverser de leur trône, l'empereur Henri IV, les princes normands conquérans de la Sicile , et devenir seigneur suzerain des royaumes d'Espagne et de Hongrie. Ce fut lui qui se fit donner, par la comtesse Mathilde, tous les états qui composaient encore dans le siècle dernier la plus grande partie du patrimoine de St. Pierre.

(15) François Ier avait signé l'arrêt de mort de 19 protestans , habitans des vallées situées entre le Dauphiné et la Provence ; Dopède, et Guerin, président, et avocat général du parlement de cette dernière province, abusant de cet arrêt, réduisirent vingt-deux bourgs en cendres, et massacrèrent plusieurs milliers de ces malheu-

reux. Ce prince, en mourant, recommanda à son fils de venger le sang de ces victimes : Guerin seul paya de sa tête cette horrible barbarie.

(15) On dit que ce prince se repentit le jour même de son abdication. Cela n'est pas difficile à croire : qu'un prince qui a les passions douces comme Philippe V, abandonne un trône sans regret, cela est possible ; mais qu'un prince inquiet, remuant, ambitieux comme Charles V, renonce de bonne foi à l'exercice du pouvoir, cela n'est pas croyable.

(17) En 1559, Elisabeth, parvenue au trône d'Angleterre après la mort de la reine Marie, y rétablit le protestantisme : de neuf mille quatre cents bénéficiers qu'il y avait dans le royaume, cent soixante-dix seulement, aimèrent mieux renoncer à leurs bénéfices qu'à leur religion ; leurs places furent remplies par des protestans.

(Fleury , *Histoire ecclésiastique.*)

(18) Le massacre d'Irlande commença le 22 octobre 1641 ; plus de 40,000 protestans y périrent.

« Quelques-uns des bourreaux, plus ingénieux encore « dans leur barbarie, tentèrent leurs prisonniers par « l'amour de la vie, de tremper leurs mains dans le sang « de leurs amis, de leurs frères, de leurs parens ; con- « tens de les avoir fait participer à leur crime, ils leur « donnaient cette mort dont ils avaient cru se garantir en « la méritant.

« Au milieu de ces horreurs, le nom sacré de religion « retentissait de toutes parts, non pour arrêter la main « de ces tygres, mais pour fortifier leurs coups et pour « endurcir leurs cœurs. . . . . . Pendant que la mort « terminait les souffrances de chaque victime, les fanati-

« ques bourreaux répétaient joyeusement à ses oreilles,
« que tout ce qu'elle avait souffert n'était qu'un faible
« prélude des tourmens infinis qui l'attendaient dans l'é-
« ternité. »

(HUME, *Hist. des Stuart*, tom. Ier, pag. 402,
édit. in-4°.)

(19) On rapporte un trait des Hollandais qui rappelle
parfaitement la simplicité des Lacédémoniens. Deux ambassadeurs, chargés par la cour d'Espagne de négocier une
trève avec les États, ayant rencontrés en chemin huit ou
dix personnes, modestement vêtues, qui, sortant d'un petit
bateau, préparaient sur l'herbe un frugal repas, composé
de pain, de fromage, et de bière ; ces ambassadeurs s'étant
informés de la qualité de ces voyageurs, on leur répondit :
Ce sont les députés des États, nos souverains seigneurs.
Quel peuple ! s'écrièrent-ils, hâtons-nous de faire la paix
avec lui, car jamais nous ne pourrons le vaincre.

(20) Echappé du trône de Pologne, c'est bien le mot ;
car on sait que, gardé à vue à Varsovie, Henri III fut
obligé de s'échapper de nuit pour se rendre en France,
chercher une couronne qui lui coûta la vie.

(21) Les dépositions de Ravaillac, celles de Jean Châ-
tel, de Damien, prouvent que leur parricide, ainsi que
celui de Jacques Clément, furent les fruits du fanatisme :
s'il y a encore quelques doutes sur les principaux auteurs
de ces crimes, il n'y en a aucun sur la nature des moyens
qu'on a employés, et des ressorts qu'on a mis en œuvre
pour leur exécution.

(22) Richelieu se plaça à la tête des affaires ; je dis se
plaça, parce qu'effectivement un homme de génie, ambitieux comme était Richelieu, non seulement sait profiter des circonstances qui lui paraissent favorables à ses

vues, mais encore il sait les faire naître ; il n'attend pas qu'on lui offre une place, il la prend.

(23) Excepté l'électorat d'Aschaffenbourg, possédé par un prince ecclésiastique, archi-chancelier de l'empire.

(24) La supériorité des écrivains protestans sur les écrivains catholiques, à l'époque de la réformation, a beaucoup influé sur son succès.

(25) On se rappelle encore combien ces oiseuses disputes donnèrent de tourment et d'inquiétude à Louis XV, et les troubles qu'elles causèrent dans l'état.

(26) L'ambition de la maison d'Autriche a entièrement changé d'objet. Les bords du Rhin et de la Meuse, les rives de l'Océan n'ont plus rien d'attrayant pour cette puissance ; c'est vers l'embouchure du Danube, vers les contrées que baigne la mer Noire et la Méditerranée, que se porteront dorénavant les vues de sa politique. C'est là aussi qu'une autre puissance, devenue rivale de la sienne, se dispose à surveiller ses démarches, et à jouer le rôle que la France a rempli si long-temps.

(27) Nous sommes bien aise de prévenir nos lecteurs que le mot jonglerie, que nous avons employé, ne peut avoir rien de commun avec le dogme et les cérémonies de l'église catholique. Nous avons voulu blâmer seulement l'abus criminel qu'on en a fait souvent, sur-tout en Espagne et dans les Pays-Bas, ainsi que les fraudes indécentes qu'on a employées pour tromper la crédulité des peuples et leur soutirer de l'argent.

Nous ne taririons pas, si nous voulions nous étendre sur cette matière, et rapporter ici quelques exemples des moyens mis en œuvre par le fanatisme et la cupidité, soit pour faire pleurer la bonne vierge, faire parler ou remuer la tête des images des saints. Tous les gens raisonnables conviennent que ces jongleries ont fait le plus grand tort au catholicisme.

Le discours de Pierre Cugnières, avocat du roi Philippe de Valois, dans une assemblée tenue en 1329, où les seigneurs et les prélats furent invités, (et dont nous allons donner l'extrait) nous offrira une idée juste de l'esprit qui régnait alors dans le clergé.

Quand un juge séculier voulait maintenir un laïque dans ses possessions injustement disputées par un clerc, les officiaux le menaçaient d'excommunication s'il osait faire son devoir. Ils faisaient citer à leurs tribunaux les affaires purement temporelles, à l'instance d'une seule partie, et frappaient d'anathème les autres parties, et les seigneurs, s'ils refusaient de s'y soumettre. Dans ce cas, le roi lui-même perdait son ressort. Ils évoquaient toutes les affaires à leurs tribunaux, sous le spécieux prétexte que tout délit est un péché. Ils s'immisçaient ainsi dans les intérêts de toutes les familles, parce que leurs notaires recevaient tous les contrats.

Pour faire ressortir de leurs tribunaux jusqu'aux affaires de commerce, ils donnaient la tonsure aux marchands, arrêtaient ceux qu'ils accusaient d'hérésie, jusque dans les domaines du roi ; et, quand leur innocence était reconnue, ils les laissaient dans les cachots jusqu'à ce qu'ils eussent payé les frais de la procédure.

Pour étendre encore davantage leur juridiction, des prélats prostituaient la cléricature à des enfans, ou à des hommes mariés et sans lettres.

Si un clerc se rendait coupable d'un vol, les juges ecclésiastiques se faisaient livrer le coupable, et sur-tout l'objet du vol ; le criminel tonsuré était bientôt délivré ou absous. Un scélérat, sans être même tonsuré, n'avait qu'à réclamer le privilége de la cléricature, il était rendu aux tribunaux ecclésiastiques, et, quoique convaincu, il s'en tirait à prix d'argent.

Les excommunications étaient devenues très-fréquentes, parce qu'elles ne se levaient que pour de l'argent. L'avarice sacerdotale faisait un trafic honteux des fautes des coupables riches ; elle n'était rigide qu'avec l'infortune souvent innocente, qu'elle laissait périr sous l'anathême si l'accusé n'avait pas d'argent.

A force d'entraves, le clergé avait rendu les fonctions de judicature séculière, ruineuses pour les citoyens courageux qui osaient s'y consacrer.

Comme il était défendu de travailler pour les excommuniés, sous peine de le devenir soi-même, les interdictions multipliées condamnaient à la misère une multitude d'hommes laborieux, et laissaient beaucoup de terres en friche. Ainsi les pécheurs frappés d'anathême, laissaient malgré eux périr de misère les malheureux qui tenaient d'eux leur subsistance.

Enfin, les officiaux disposaient à leur gré des biens de ceux qui mouraient sans tester, et souvent refusaient d'ajouter foi aux testamens faits devant les tabellions, si eux-mêmes ne les avaient approuvés, et s'ils n'avaient pas satisfait suivant leur desir à la cupidité de l'église. Dans ce dernier cas, ils leur refusaient la sépulture jusqu'à ce que leurs parens ou leurs amis y eussent satisfait. Ainsi, non seulement ils dévoraient la subsistance des vivans, mais encore ils engloutissaient celle des morts.

L'archevêque de Rouen osa déclarer, en présence du roi, *que le clergé avait des droits sacrés sur le temporel des rois et des peuples, à l'exemple de Moïse, Aaron et Samuel, par l'exercice des deux puissances qu'il remit à saint Pierre, lors de la mort de d'Ananias et de Saphira, que ce prince des apôtres*

condamna pour crime de larcin et de mensonge.
(*Hist. Ecc. de Fleury.*) (PASQUIER, *Rech.* liv. III ,
ch. 27.)

Cugnières, comme on peut le penser, devint odieux
au clergé, qui le persécuta autant qu'il le put, et le
nommait par dérision *maître Pierre du Cognet*, nom
d'une petite figure ridicule placée dans un coin de l'église
Notre-Dame de Paris, et faisant partie d'une représenta-
tion de l'Enfer, qui était à la clôture du cœur sous le jubé.

Le roi lui-même abandonna Cugnières par faiblesse, et
lui ôta ses places. Dans les cours, voilà le sort ordinaire des
hommes qui ont le courage de dire la vérité! sur-tout lorsque les peuples n'ont pas assez de lumières pour la sentir, et que les princes ne sont pas dignes de l'entendre!

Voici quelques ordonnances de nos rois relatives au
clergé, qui peuvent trouver place dans cet ouvrage.

Juillet 1280. *Ordonnance*, qui abolit la coutume par
laquelle celui qui avait commis un crime, était renvoyé
absous, lorsqu'il jurait de son innocence sur le corps
de saint Severin.

1287. *Ordonnance*, que, dorénavant les justices temporelles seront exercées par des laïques.

1302. *Ordonnance*, pour la Normandie, que tout clerc
convaincu de crime qui mérite la mort, sera simplement
exilé.

1350. Les ecclésiastiques de la ville de Saint-Omer seront
jugés par les juges d'église, et les juges séculiers; excepté
le cas où ils auraient enfreint l'immunité d'une église,
maltraité un clerc, ou violé une femme.

1354. *Lettres*, qui défendent aux prélats et aux ab-
bayes, d'arrêter la marée qu'on apporte à Paris, lorsqu'elle
passe sur les terres de leur juridiction, et aussi de la prendre pour le prix qu'ils veulent fixer.

12 *avril* 1366. *Lettres*, portant que les monnayeurs des

monnaies royales ne pourront être assignés devant les
juges ecclésiastiques, hormis le cas dont la connaissance
appartient à ces juges.

20 *septembre* 1367. *Lettres,* qui exemptent les gens
d'église de la ville de Paris, de l'impôt établi pour la rançou
du roi Jean.

28 *janvier* 1368. Celui qui aura tué un homme,
(dans la ville de Péronne) sera puni de mort, à moins
qu'il ne se réfugie dans une église.

Août 1369. *Lettres,* qui remettent à l'archevêque de
Bourges l'amende qu'il avait encourue pour avoir fait un
statut synodal, qui portait, que les juges séculiers ne
pourraient, sous peine d'excommunication, punir les clercs
accusés de crime.

3 *juillet* 1371. *Lettres,* portant que les juges séculiers
contraindront les personnes excommuniées à se faire absoudre, moyennant qu'elles ne paieront qu'une somme
modérée pour leur absolution.

19 *octobre* 1378. *Lettres,* portant que les inquisiteurs
ne feront plus démolir les maisons qui auront apparte-
nu à des hérétiques, et celles où ils auront tenu des assemblées ; à moins que leur cas ne fût détestable, et
que son énormité n'exigeât qu'on en usât ainsi ; que leurs
biens ne seraient plus confisqués ; mais que les inquisiteurs et leurs familiers auraient des gages fixes.

30 *ctobre* 1385. *Lettres,* qui révoquent la permission
qui avait été donnée de vendre les biens des bénéficiers
pour payer les décimes, etc. au pape ; à cause des abus qui
en étaient résultés, par lesquels le service divin avait été
interrompu dans plusieurs endroits, les ecclésiastiques
maltraités, les ornemens, vases sacrés, livres, vendus,
et même les tuiles des maisons.

6 *octobre* 1385. *Ordonnance,* qui oblige les cardinaux
français, qui ne résident pas en France, et qui y ont des

bénéfices, d'y faire les réparations nécessaires, d'y laisser le nombre suffisant d'ecclésiastiques pour faire le service divin, y remplir les charges que lesdits bénéfices imposent, relativement à l'entretien des hospices, des universités, des aumônes, et de l'hospitalité.

Août 1408. *Lettres* en confirmation d'un privilége du pape, qui portent que les terres des domaines du roi ne pourront être mises en interdit par les prélats.

Novembre 1572. *Ordonnance*, portant que les ecclésiastiques ne seront contribuables aux aumônes publiques et générales, excepté dans le cas de stérilité et nécessité. (*Recueil des Ordonnances du Louvre.*)

(28) L'attention qu'on mettait à ces sortes de disputes y donnait beaucoup trop d'importance.

(29) Il y a lieu d'espérer que les Anglais abrogeront enfin en Irlande l'abominable loi du test, qui y prive les catholiques du droit de citoyen.

(30) L'église calviniste de Brême, de Saint-Ausgarins, dans une assemblée tenue le 5 octobre 1804, a pris la résolution de remplir la troisième place de ministre vacante dans cette église, par un pasteur luthérien. Dorénavant, dès que l'état des fonds le permettra, on y entretiendra un second ministre de cette communion. Les ministres des deux confessions se prêteront une mutuelle assistance dans toutes les fonctions religieuses.

FIN DES NOTES.

www.ingramcontent.com/pod-product-compliance
Lightning Source LLC
Chambersburg PA
CBHW060601100426
42744CB00008B/1269